改革开放以来
大学生社会实践研究

杨 化 著

群 众 出 版 社
·北 京·

图书在版编目（CIP）数据

改革开放以来大学生社会实践研究/杨化著．—北京：群众出版社，2016.4

ISBN 978-7-5014-5496-9

Ⅰ．①改…　Ⅱ．①杨…　Ⅲ．①大学生—社会实践—研究—中国　Ⅳ．①G642.45

中国版本图书馆 CIP 数据核字（2016）第 034356 号

改革开放以来大学生社会实践研究

杨　化　著

出版发行：群众出版社
地　　址：北京市西城区木樨地南里
邮政编码：100038
经　　销：新华书店
印　　刷：北京通天印刷有限责任公司

版　　次：2016 年 4 月第 1 版
印　　次：2016 年 4 月第 1 次
印　　张：6.625
开　　本：880 毫米×1230 毫米　1/32
字　　数：151 千字

书　　号：ISBN 978-7-5014-5496-9
定　　价：26.00 元

网　　址：www.qzcbs.com
电子邮箱：qzcbs@sohu.com

营销中心电话：010-83903254
读者服务部电话（门市）：010-83903257
警官读者俱乐部电话（网购、邮购）：010-83903253
法律图书分社电话：010-83905745

目录

序

杨化的学术专著《改革开放以来大学生社会实践研究》即将出版了，在此特向她表示祝贺！该书耗费了她四年多的心血，更是她长期从事大学生思想政治教育工作的理论结晶。

2011 年，杨化以优异的成绩考入西南大学思想政治教育专业，在我的指导下攻读博士学位。为完成学业，她付出了比别人更多的辛劳。在读期间，面对因为在职读书带来的工学矛盾，她不仅尽量利用在校的时间，还放弃了大量的节假日休息时间倾注于自己的学业。为了开阔学术视野，她除了认真聆听到我院讲学专家的学术报告，多次参加全国性的学术会议，参加“未名论坛”和研究生论坛，还到美国进修半年。通过勤奋努力，她在攻读博士学位的过程中就先后发表核心期刊论文 6 篇，一般期刊论文 8 篇；主持省部级课题 2 项，参与省部级课题 4 项，主持校级课题 3 项；参与两部导师学术专著的撰稿；获得省级科研成果奖 5 项，校级奖 2 项。杨化还因工作出色多次获校级、市级先进个人奖。需要特别指出的是，在撰写博士学位论文及取得以上成果期间，她还经历了怀孕、生小孩，其中的艰辛是可想而知的，但杨化以顽强的意志挺了过来。她以自己的辛勤劳动，做到了学业、家业双丰收。

即将出版的《改革开放以来大学生社会实践研究》一书是杨化在她的博士学位论文的基础上修改而成的。为了完成博士学位论文的写作，她可以说是利用一切可以利用的时间，在我与她的合影中，有一张就是在我带博士生到北京参加学术会议的飞机上我们讨论论文的情景。为了鼓励后面的弟子，我还特意将这张照片编入了对新生入学教育的光盘。杨化是勤奋的，辛勤的耕耘自然换来了学术的丰硕成果，她的博士论文顺利通过了答辩，获得了学位证书。杨化继续努力修改完善自己的论文，现在呈现在读者面前的专著是一部理论性和实践性都较强的学术著作。该书具有以下特色：

第一，深入分析了大学生社会实践的内涵、特性和作用。该书主要分析大学生社会实践的含义、分类和特性并阐述了自己的学术观点，对大学生社会实践重新下了定义。该书认为：大学生社会实践，是指大学生根据思想政治教育目标的要求和自身发展的需要，通过参与考察社会、服务社会等活动形式提高自身素质的教育活动。以大学生社会实践的含义为基础，按照不同的分类标准，分析了大学生社会实践的类型。总结提炼出了大学生社会实践的五对特性：个体性和群体性、现实性和历史性、整体性和阶段性、社会性和专业性、系统性和专题性。该书还论述了大学生社会实践的积极作用，即促进大学生成长、成才，增强大学生思想政治教育效果。对这些理论的阐述，为后面理论观点的展开奠定了基础。

第二，全面分析大学生社会实践的理论指导。作者从分析马克思主义人的自由而全面发展理论出发，到阐释马克思主义社会实践理论，梳理马克思主义实践成才理论。研究层层递进，全面分析了大学生社会实践的理论基础。这三大理论为大学生社会实践提供了理论指导，规范、指引大学生社会实践的实际运用，使大学生社会实践在科学理论的指导下取得了良好的效果。

第三，梳理改革开放以来大学生社会实践的发展历程及经验总结。该书将改革开放以来大学生社会实践发展过程分为三个历史阶段：以拨乱反正与改革发展为主题的大学生社会实践恢复阶段、社会主义市场经济建立过程中大学生社会实践的新探索阶段和全面建设小康社会中大学生社会实践的与时俱进阶段。通过对这三个历史阶段的分析，该书不仅较为系统地展现了大学生社会实践的历史发展进程，还总结了大学生社会实践的成绩与经验启示，这为当前及今后开展大学生社会实践活动提供了重要的借鉴。

第四，剖析当前大学生社会实践的问题与原因所在。该书在通过大量调查研究获得丰富资料的基础上，深入分析了大学生社会实践存在的问题并依据问题寻找了产生问题的原因。作者对大学生社会实践存在的问题及其原因的分析，为设计解决问题的对策提供了可靠依据。

第五，提出增强大学生社会实践效果的对策。该书针对前述对大学生社会实践存在的问题及其原因的分析，提出增强大学生社会实践效果的对策。其对策主要有：全面重视大学生社会实践、加强大学生社会实践管理、拓展大学生社会实践的领域、健全大学生社会实践的机制和完善大学生社会实践模式。

通过以上对该书特色的分析，可以看出杨化有较为深厚的理论功底和较强的科研能力。所以，我在祝贺杨化学术专著出版的同时，还希望她继续保持和发扬攻读博士学位阶段的拼搏精神，以更顽强的意志和勤奋的劳动，向新的学术高峰攀登，取得具有更高价值的学术成果。

罗洪铁

2015 年 11 月 6 日于

西南大学马克思主义学院 409 工作室

前　言

社会实践是认识的源泉，是丰富和发展理论的肥沃土壤，是提升大学生素质的“炼丹炉”。人们经过实践才能巩固和创新知识，提高能力。

（一）社会实践是大学生思想政治教育的重要方法

《中共中央、国务院关于进一步加强和改进大学生思想政治教育的意见》指出：“社会实践是大学生思想政治教育的重要环节，对于促进大学生了解社会、了解国情、增长才干、奉献社会、锻炼毅力、培养品质、增强社会责任感等具有不可替代的作用。社会实践在大学生思想政治教育中起着重要的作用，是实现思想与实践的链接，实现知行统一的重要途径。”① 第一，实践教育是大学生思想政治教育的重要方法，是一种让教育对象在“做”的过程中，获得正确认识、深刻体验以及提高各种能力，形成良好习惯的显性教育方法。实践教育与理论教育以及与专业

① 中发〔2004〕16号文．中共中央、国务院关于进一步加强和改进大学生思想政治教育的意见．

教育的结合能够产生好的教育效果，使受教育者能从生活的现实中巩固旧知识、获取新知识。第二，社会实践是大学生思想政治教育的重要载体。社会实践能够承载并传递思想政治教育的相关信息和内容，因而具有客观性与主观性、承载性与传导性、工具性与中介性、可控性与可操作性相统一的特点。

（二）组织大学生参加社会实践是辅导员工作的重要内容

组织、策划大学生社会实践活动是辅导员的工作内容之一，辅导员应当掌握大学生社会实践的理论与实操。2014年教育部制定的《高等学校辅导员职业能力标准（暂行）》明确指出，辅导员分为初级、中级和高级三个等级，其职业功能包括思想政治教育、党团和班级建设、学业指导、日常事务管理、心理健康教育和咨询、网络思想政治教育、危机事件应对、职业规划与就业指导、理论及实践研究。辅导员要完成这九项职业功能，策划、组织大学生社会实践是一个重要的途径。目前，关于大学生社会实践已经有了一些专著和大量的学术论文，但还有一定的研究空间。从理论与现实双重维度透视大学生社会实践活动之源流，探讨大学生为什么要进行社会实践，马克思主义经典作家对于社会实践的论述，当代大学生社会实践的经验，以及当前大学生社会实践的问题和原因、如何增强大学生社会实践的效果等问题都具有一定的现实价值和理论意义。

（三）社会实践是大学生成长、成才的重要渠道

大学生是潜在的人才，从潜人才到显人才的过渡需要大学生

接受理论教育和实践教育。大学生要成为德才兼备的社会主义事业的建设者和接班人，社会实践是重要的方法之一。大学生通过参加社会实践活动了解世情、国情、民情，了解改革开放以来我国取得的巨大成绩，更加坚定地拥护中国共产党的领导、拥护社会主义道路；使大学生在理论与实践教育中自觉地形成和巩固正确的世界观、人生观和价值观，能够认同社会主义共同理想。另外，在社会实践中，大学生能够受教育、长才干，学以致用，巩固原有理论知识。同时在实践中，大学生又能拓展自己的知识面，不断获取新的知识并积累经验。通过社会实践的历练，大学生能够强健体魄和修养身心，从潜人才过渡到显人才。

本书主要从理论价值和实践价值两个层面进行分析。其理论价值是深入研究大学生社会实践活动，从现象入手，挖掘实践的本质，突破简单的经验总结；对社会实践进行全面的、具体的论述。其实践价值主要是通过总结当代大学生社会实践的成绩，分析当前大学生社会实践存在的问题，探究问题的原因，从而寻求改进大学生社会实践的路径，并优化大学生社会实践的效果。具体而言包括以下四个方面。

（一）丰富和完善大学生社会实践的理论

理论界已经对当代大学生社会实践进行了大量有效的研究，并形成了较为丰富的理论研究成果。本书主要针对当前大学生社会实践研究中的一些薄弱环节和一些还存在争议的问题进行研究，相信研究成果会不断丰富和完善大学生社会实践的理论。本书对于大学生社会实践的基础理论和理论基础进行了翔实的剖析，对厘清大学生社会实践的基本问题有着重要的积极作用。关于大学生社会实践的内涵、特性和功能这些基本问题进行的详细分析，能够丰富大学生社会实践的基础理论。关于马克思主义自由而全面发展理论、马克思主义社会实践理论和马克思主义成才理论的阐释及对大学生社会实践的理论指导的分析，能够在一定程度上扩充和完善大学生社会实践的理论基础。

（二）充实大学生思想政治教育学的理论内容

社会实践教育法是思想政治教育的基本方法之一，既能提高大学生的思想觉悟，也能提高大学生的认识能力，让大学生在改造客观世界的过程中同时改造自己的主观世界。因此，大学生社会实践是大学生思想政治教育学的重要方法，可以创新大学生思想政治教育的平台。

通过系统研究大学生社会实践的现实与理论，也能充实大学生思想政治教育学的理论内容。其中包括：第一，通过梳理实践教育的理论源头，扩充实践教育法的具体表现形式，从而丰富和发展大学生思想政治教育中有关实践教育法的内容。第二，为新时期创新大学生思想政治教育提供扎实的理论研究基础。当前大学生思想政治教育面临着许多挑战，要增强大学生思想政治教育的效果，就是要敢于用新的方法去教育大学生。好的社会实践活动能够让大学生在实践中主动学习，并通过实践完成思想的转变或升华，这样就能够有效地增强大学生思想政治教育的效果。

（三）增强大学生社会实践的效果

没有实践的理论是空洞的，而缺乏理论指导的实践是盲目的。通过研究当代大学生社会实践的现实和理论问题，从价值层面和操作层面指明当代大学生社会实践的方向。

大学生社会实践走向何方，既是理论问题也是现实问题。解决理论的方向就是研究大学生社会实践的内涵、特性、功能和理论基础。这让大学生社会实践能够有理论的依托和指导，能够自成体系，有力保障大学生社会实践的实施完整性和实效性。解决现实问题，就是要分析当前大学生社会实践的成绩和问题，剖析原因并能提出有针对性的解决措施，从而从理论和现实两个层面指导大学生社会实践的方向，让大学生社会实践成为高校育人的重要平台。

（四）规范大学生社会实践活动

通过系统研究改革开放以来大学生社会实践，提出解决大学生社会实践存在的问题的设想方案，改变社会、高校、家庭、大学生对于社会实践的认识，加强大学生社会实践管理，创新大学生社会实践模式等。研究措施的理论性和可操作性都会成为现实中大学生社会实践的具体指导，规范大学生社会实践的操作和管理，发挥社会实践在育人方面的最大效益。

第一章

大学生社会实践的内涵、特性及作用

研究大学生社会实践问题，必然不能回避大学生社会实践内涵、特性和作用这三个基础理论问题。改革开放以来大学生社会实践发展迅速，参与的主体、实践形式、实践内容等都发生了一些变化，对于时代和主体的把握是理解大学生社会实践内涵、特性和作用的基本条件。

一、大学生社会实践的含义与类型

本书从大学生社会实践的含义和类型两个方面分析大学生社会实践的内涵，加强对大学生社会实践的基础认识。

（一）大学生社会实践的含义

马克思主义哲学首要的和基本的观点就是实践。当“实践”成为哲学的首要任务时，其逻辑发展的轨迹必然指向具有“人与人”关系性实践的平台——“社会”。

1. 大学生社会实践含义的界定

马克思论述道，“哲学家们只是用不同的方式解释世界，而问题在于改变世界”。① 这个理念揭示了对实践的科学阐释，即实践是指人类所特有的对象性的物质活动或精神活动。只有实践可以改变客观的世界并从而影响主观世界的形成与发展。在实践的过程中，主体会察觉主观世界与客观世界相融的部分，也会认识到主观世界在改造客观世界过程中的不足，从而促进主体加深对自身主观世界的认知。社会实践是一种人人都自觉或不自觉地参与其中的社会活动表现，形成了连接历史与现实、社会与个人、物质与精神、思想与生命的“整体性”社会活动。社会实践不仅包含生产实践也同样包括生活实践，是个体或个体的集合参与个体或社会生活的具体表现，同时还包括主体改造客观世界的社会活动。

2. 大学生社会实践的含义

大学生社会实践，拥有人类社会实践的共有本性，也具有大学生群体的独特个性。具体而言，笔者认为大学生社会实践的含义应当是：大学生社会实践，是指大学生根据思想政治教育目标要求和自身发展需要，通过参与考察社会、服务社会等活动形式提高自身素质的教育活动。大学生社会实践的含义显示出以下几个特点。

（1）大学生社会实践的依据是思想政治教育目标要求和自身发展需要。大学生社会实践的主体是大学生，大学生是潜在的人才，实践锻炼能促进大学生思想道德、政治素质和知识能力的提

---

① 马克思恩格斯文集（第一卷）［M］. 北京：人民出版社，2009：506.

高。斯大林《在全苏集体农庄突击队员第一次代表大会上的演说》中提出，“要竭力使无产阶级大学生成为社会主义经济和社会主义文化的自觉的建设者，——这就是党的第一个任务”。[①] 大学生思想政治教育的目的就是培养社会主义的建设者和接班人，社会主义的思想观念、政治观念和道德规范影响着大学生。大学生思想政治教育对社会实践的要求是提高大学生的思想觉悟和综合素质，使大学生形成言行一致的高尚品德和行为习惯，从而增强思想政治教育效果。大学生这一实践主体最大的特殊性在于他们有强烈的求知欲，处于对自身理论知识和实践知识的不满足状态，总是想从书本、从实践中汲取知识的营养。同时，大学生处于自我意识的矛盾整合期，在求知过程中容易出现选择性迷茫。在现实生活中，大学生会以观察者的身份审视自我，这时他们会发现理想与现实的矛盾。第一，现实自我在学习和生活方面没有达到理想自我要求的状态；第二，现实自我与周围其他个体比较存在较大的差距，使自己产生挫败感；第三，认为身处的社会环境和学校环境不符合理想自我的期望，难以适应新的环境，从而无法施展自己的才能。这些矛盾都会影响大学生求知的客观效果。通过实践锻炼，大学生会不断实现自我意识矛盾的整合，完善自我意识的发展，实现自我意识从消极到积极的转变，从而满足自身发展的需要。

（2）大学生社会实践活动形式以观察社会、服务社会为主。改革开放以来，中宣部、国家教委、团中央发布了多个关于大学生社会实践的文件。这些文件强调了大学生社会实践的重要性，

---

① 斯大林全集（第十三卷）［M］. 北京：人民出版社，1956：226.

并为大学生社会实践的开展作了具体的部署和安排。这从制度上有力地保障了大学生社会实践的发展，为实现大学生社会实践的目标提供了可能。以教育计划形式开展的大学生社会实践不断丰富其形式、发展其内容，从课堂实践走向田野实践，从教学实践走向社会服务等。这些国家机关发布的实践主题，由高校具体组织实施，在很大程度上符合国家制定大学生社会实践规划的需要，并且能够促进大学生的全面发展。但自上而下的组织方式还存在一些大学生社会实践的空白之处，难以满足大学生个体需求尤其是当前大学生的一些个性化实践需求。在逐渐强调个体权利的现代社会，大学生自身的意愿和规划必然成为其选择社会实践内容的重要动力之因。

（3）大学生社会实践的目的是培养大学生的综合素质。社会实践对大学生是全面的锻炼，大学生可以在实践中学习知识，将理论运用于实践，在实践中掌握理论并创新知识；大学生也可以在实践中与基层社会生活相结合，改造自己的主观世界，学会适应社会，学会承担责任。大学生即将成为社会的人才，在大学生成长成才的过程，主要接受来自家庭、学校、社会的教育。其中，家庭更多地给予大学生生活照顾，并传递家庭伦理道德观念；学校主要对其进行理论知识的教育和思想政治观念的灌输，并提供一些社会实践平台让大学生参与实践活动，使其通过实践巩固理论知识；社会通过媒体传播不同的价值观、道德观，大学生通过社会实践活动去观察社会、了解社会、分析社会、服务社会，在这些实践活动中促进自身的全面发展，提高自身的综合素质，形成较为稳定的世界观、人生观、价值观，同时巩固理论知识的学习并掌握一些理论知识的运用技巧和实战经验。在不同的历史时期，大学生通过社会实践能够去体验和感受大学生的历史使命和社会责任，理解每个人都对实现自我生命的成功负有特殊责任。社会实践成为培养大学生道德意识、公民意识，奉献思想的重要途径。

（二）大学生社会实践的类型

大学生社会实践的内容和形式都非常丰富，根据不同的划分标准，大学生社会实践可以分为以下类型。

1. 课堂实践、课后实践和假期社会实践

改革开放以来，大学生社会实践形式呈现出多样化的发展趋势，大学生群体参与社会实践的机会不断增加。以参与时间为划分标准，大学生社会实践可以分为课堂实践、课后实践与假期社会实践。课堂实践主要是集中在教学过程之中，通过对课程资源的开发和利用达到教学形式的改革和创新，主要以讨论和辩论、视频展示等为主要表现形式。课堂实践是一种模拟的社会实践形式，学生主要通过与任课教师的交流以及从视频、案例中了解社会，获得社会经验。课堂辩论、讨论形式有益于发散学生思维，在辩论中讨论现实问题并逐渐达成教与学的共识。课后实践，是指在课堂时间后并在学校的整体教学时间之内进行的大学生社会实践活动。课后实践主要以学生兴趣、爱好、特长为中心，以摄取科学、技术、文化、艺术的即时信息为中心的各种社团活动、文体活动。相对课堂教学标准化、集中化的特点，课后实践活动形式多样，人员分散，能充分发挥学生的主动性、积极性和创造性。但课后实践主要是在学校范围内开展，由于实践时间相对较短，大学生主要获取的是一种感观体会或者是自我才能展示机会。假期社会实践，是指大学生在假期参与的社会实践活动。假期社会实践的特点是活动时间较为充裕，大学生可充分准备实践活动。假期社会实践能够走出校园、走向社会，去开展多种实践活动。这一时间段的大学生社会实践主要包括，支教帮扶活动、“三下乡”社会实践活动、“三进三同”活动、勤工助学、社会调查等。

2. 政治教育类社会实践、教学类社会实践、文体类社会实践、志愿服务类社会实践、自主创业类社会实践

以大学生社会实践的内容为划分依据，大学生社会实践可以分为政治教育类社会实践、教学类社会实践、文体类社会实践、志愿服务类社会实践和自主创业类社会实践。

政治教育类社会实践，是指高校有组织地开展的与政治教育相关的社团活动、社会服务、理论学习研讨、参观访问、社会调研等以提高大学生思想政治素质为目的的社会实践活动。例如，许多高校学生都有组织地或自发地成立了理论研究会，开展理论学习和研讨活动，让大学生理解和掌握中国特色的社会主义理论体系。政治教育类社会实践的主要目的是提高大学生的思想政治素质，让大学生理解中国政治体制的历史沿革，使大学生成为中国特色社会主义道路的拥护者和建设者。教学类社会实践，是指以项目研究为依托提高大学生专业操作技能的社会实践活动。其目的在于巩固所学的专业理论知识、学习专业操作技能，开阔视野，了解本专业领域的外部环境、工作条件等，从而培养大学生的专业素质。教学类社会实践的具体形式包括带薪实习、课题考察、项目实施等。文体类社会实践，是指在学校的规范和指导下，以学生兴趣、特长为中心组织的文化、艺术、体育类社会实

践活动。这类社会实践可以丰富大学生的校园文化生活，培育大学生的文化素质，陶冶大学生的道德情操；也能培养大学生的综合素质，并充分展示大学生的才艺。文体类社会实践主要包括校园之春、挑战杯、模拟联合国、辩论赛等，大学生通过校园社会实践活动既可以弥补课程学习的不足，又能为适应社会、走向社会做好准备。志愿服务类社会实践，是指大学生以志愿者身份参与，并以时间、技能或者物质无偿帮助服务对象的各类社会实践活动。改革开放以来，中国大学生志愿服务类社会实践不断涌现出新的形式。志愿服务类社会实践激发大学生关注社会问题，提高大学生的道德修养。例如，由团中央牵头主办的“大学生志愿服务西部计划”、“保护母亲河”，以及北京“2008 奥运会”、上海“世博会”等大型赛事志愿服务活动都得到了社会的普遍赞誉。志愿服务类社会实践已成为大学生参与度高、普及面广的社会实践活动类型，同时能增强大学生的道德素质、提高大学生的德行修养。自主创业类社会实践，是指大学生在校期间通过创业项目设计、论证和实施从而获得一定经济报酬的社会实践活动。目前一些高校成立了“创新创业教育和大学生自主创业工作领导小组”，或者“创新创业教育指导委员会”，这些组织的成员包括校领导、职能部门负责人、专家、学者。这些组织专门对大学生创新创业教育项目、大学生创业孵化平台和大学生创新创业实训平台的建设进行论证，并对大学生创新创业的成果进行评审。高校对通过论证的创业计划给予一定的资金支持和场地保障，让大学生在校期间可以尝试从事商业活动，既能获得一定的经济收入，又能在很大程度上提高大学生的社会化水平。

3. 校内社会实践和校外社会实践

以大学生社会实践的范围为划分依据，大学生社会实践可以分为校内大学生社会实践和校外大学生社会实践。

大学生社会实践的地域是这种划分方式的主要依据，将大学生社会实践是否走出校门作为一个主要的划分标准。校内大学生社会实践，主要是指大学生在学校范围内完成的大学生社会实践活动。这些实践活动既包括教学社会实践，也包括文体社会实践和一些校园内勤工助学和自主创业社会实践活动。校内大学生社会实践能够贯穿整个大学生生涯，具有组织便捷、场地有保障、学生参与面广等特点，从学业、道德、文化素养、技能等多个方面提高学生的综合素质。校外大学生社会实践，主要是指大学生在校外开展的社会实践活动。校外大学生社会实践为大学生提供了更为广阔的实践平台，能够让大学生与社会实现无缝对接，大学生在实践中能了解真实的社会生活，并将自己的大学生活与社会生活进行对比思考，一方面促进了大学生理论知识的巩固，另一方面也促进了大学生在社会化过程中形成价值观的整合。

4. 学校组织的社会实践和自发组织的社会实践

以大学生社会实践的组织主体为划分依据，大学生社会实践可以分为学校组织的大学生社会实践和自发组织的大学生社会实践。

学校组织的大学生社会实践通常得到政府和学校的资金保障，以完成教育目标为目的，宣传中国特色社会主义理论，完成培养社会主义建设人才的任务。在很大程度上，学校组织的大学生社会实践带有很强的约束性和规范性，活动内容和活动形式都受到一定的限制，因此学校组织的大学生社会实践活动在一定程度上缺乏灵活性，对大学生的吸引力不强。自发组织的大学生社会实践是由单个大学生或部分大学生以群体或个体为主导自主策划、自主组织、自主参与的大学生社会实践活动。例如，大学生在假期千里骑自行车回家体验社会，大学生在校开办家政服务中心创业活动，大学生假期到山区支教等以大学生自发组织的社会实践活动。自发组织的大学生社会实践主要依靠的是大学生群体的想象力和执行力。其有益之处是可以激发大学生的积极性，并创新实践活动内容和活动形式。但其现实的缺陷是，自发组织的大学生社会实践在很大程度上缺乏规范性，在实践中缺乏安全保障和资金支持，实践内容也难以得到专业的指导，实践程序也显得过于自由且缺少规范。

二、大学生社会实践的特性

就大学生社会实践的特性的命题，考察马克思主义的宏大理论视野，可以发现，这里的“实践”本质上是指主体能动地改造已知的客观世界的一种对象性活动。或者说是，一种以“人”为中心的，映射客观世界的现实表征。大学生的社会实践作为“人类活动”的“青年时期”的重要阶段，既具有普遍的人类活动的基本特征；同时，就这一特定的“主体”，在这一特定的“时间”与“空间”展开的不可复写的人类活动而言，它又具有自身不可替代的专门特性，这些共同性中的“差异性”体现了大学生社会实践活动的丰富内涵与内核要素。

（一）大学生社会实践的个体性与群体性

大学生社会实践呈现出个体性与群体性的特性。其既有不同大学生的特性反映，又有一个时代群体大学生的特性反映。

1. 个体性

“个体”一词的含义本身，包含了作为每个大学生独特个体参与社会实践活动的首要差异性。每一个个体在不同的身心发展时期都会呈现出各不相同的发展曲线。每一位大学生在大学成长阶段所反映出的个体性差异都是不可避免的，也是在进行社会实践活动中必须首先考察的基础性差异。首先，从生理发展轨迹上看，每一个个体都有着自己发展的独特性。虽然在这个时期，多数个体的身体发育成熟，生理机能基本完善，但是大学生独立完成学业和独立生活的基础条件各有差异，一些先天不足或者发展不平衡的个体，在社会实践中就应当区别对待。其次，在心理方面的个体独特差异更是千差万别，无论是个体的认知能力还是心理承受、思维模式，以及各种价值情感判断能力，都会因人而异。大学生社会实践活动就是一群具有独特个性，具有不可复制的心理特点和行为特点的主体群体性活动。大学生的能力、特长也有所差别，选择参加的社会实践类型，在社会实践中担当的角色都具有较强的个体性。大学生从实践锻炼中获得的知识、能力也会因人而异，触动大学生内心的实践是不同的。

2. 群体性

所谓群体性，就是指大学生的社会实践活动不仅表现为具有差异性的大学生个体的参与，更为重要的是它所表现出来的共同性的特征。如前所述，大学生的社会实践活动为个体的成长发展提供了一个具有共同方向的集体事业。大学生虽然是一群具有鲜明个体特色的群体，但是这个群体的共同方向就是要在一致的目的、一致的价值或是一致的方向上寻求这个国家或民族未来的希望。因为，这个群体的实践活动，与国家的发展方向紧密联系，与改革开放的命运紧密联系，与国家的综合整体实力也息息相关。这样的一个群体，他们在认知、行动或者价值观念上，都应具有更大的活力。同时，我们也应当看到这个群体的组成个体，在实际生活中缺乏真实体验，在社会的认知没有真正接触到现实的生活，在市场的需要中没有恰当的定位，诸如此类的“个体性症候群”的问题，使得大学生这个群体不得不从单纯的“个体”的单打独斗中解放出来，而将自己融入到要求越来越高、分工越来越精细的现代社会的“群体”要求中来。所以，群体性的社会实践活动，必然要求大学生们敢于挑战自我，接触社会，了解生活。在实践中不断克服自身的不足，在不同的挑战中战胜“个体”的小我，才能在“四个全面”的中国深化改革的关键社会转型时期发挥出自己的才能，担当起当代大学生的历史使命。

（二）大学生社会实践的现实性与历史性

大学生的社会实践活动也是人类实践活动本质的现实与历史的统一呈现。虽然，每一时代的人类社会生活的本质无法全面体现出社会实践最普遍的特性，但是，大学生在校生活的时间性与真实性赋予了大学生社会实践活动这一基本品性——现实性与历史性。

1. 现实性

所谓现实性，是指大学生社会实践活动的时间特性。它总是反映了一定时期或者某个阶段的大学生社会实践的风貌，在不同的时期，即使是同类群体相似的社会实践活动也会在内容、形式和方向上呈现出差异。正如德国在19世纪中后期德意志民族的统一实践中，逐渐发展出了“时代精神”这一著名的德语词汇。它就是在相对稳定的群体中（如民族）、在一定的历史条件下，所反映出的全部社会生活的时代烙印，在精神方向、价值观念、行为方式和社会风尚等诸多方面体现了那个时期德意志的现实。因而，改革开放以来，不同时期的大学生已经面临着与新中国成立后完全不同的发展环境、历史使命和需要完成的时代任务，他们所承载的社会实践活动的“时代精神”也发生了巨大的变化。当代的大学生需要在国家深化改革的关键时期，通过自身的不断努力，掌握各种专业技能，并把这种技能转化为改变社会的驱动力。所以，他们的社会实践活动就具有了鲜明的“全面发展”的时代性。

2. 历史性

所谓历史性，在这里更多是指不同时代或不同阶段大学生社会实践的相互衔接和相互继承，也就是大学生历史性使命在不同时期的传统和继承。大学生无论在什么时期，都是一个充满旺盛精力，敢于拓展创新的年轻群体。与儿童时期的不成熟相比，大学生已经具有了独立自主的开创意识；与老一辈的社会经验和社会阅历相比，大学生这一团体在社会实践中又必须发挥继承和发展前者的传统，并完成时代交替过渡的任务。大学生在校期间，通过学习知识，完成继承前人优秀成果的工作，同时又通过自身的社会实践，运用所学知识与社会现实相互碰撞，能动地更新自己的知识，并形成新的传统。在不同的历史时期，大学生社会实践的形式可能有所侧重和变化，但大学生社会实践始终围绕着育人的目标开展，总是满足培养社会主义建设者和接班人的需要。大学生社会实践始终是促进人的全面发展的重要方法，能够提高大学生的实际操作能力，巩固大学生已经具备的理论知识。大学生社会实践始终围绕了解社会、服务社会的中心，让大学生在学习之外能够接触社会，掌控社会实践技能。

（三）大学生社会实践的整体性与阶段性

大学生社会实践是以在校大学生为主要实践主体的群体性活动。这种群体性活动本身就与其他社会群体的实践不同，它是在大学生在校学习期间与进入正式社会实践之前的关键阶段，是大学生成才过程的关键时期，具有内容的整体性和环节的阶段性的双重特征。

1. 整体性

整体性，这里是指大学生社会实践活动在内容上的连贯一致的计划安排的特性。有学者认为，整体性的大学生社会实践是一个总和的概念。但是本书中的大学生社会实践的整体性包括以下两个方面：第一，根据大学生发展的基本特点，大学生在校期间是他们进入社会真正实践的过渡或者说是准备阶段，他们需要有一个整体的规划，为即将到来的社会实践做好理论知识、应用能力、创新精神的培养等环节，让自己成为社会所需的高素质人才；第二，在大学生准备正式进入社会的预备实践活动，即大学生的社会实践必须全面吸收社会实践在内容上的多元性，形式上发展的多样性，以及实践观念的同步性。大学生社会实践所体现的这种“整体性”，才足以培养学生的综合素质，真正使得大学生在社会实践中得到全面发展。

2. 阶段性

阶段性，更为突出的是指大学生社会实践是作为人的社会实践的“时间性”概念的重要阶段的实践活动展现出来的。这个阶段的社会实践与这一特定的实践“主体”，即处在人生重要成长阶段，青春期后期并逐渐走向成熟的大学生，是紧密地联系在一起的。这就意味着，大学生社会实践与其他社会实践相比，具有特定的阶段性的特性，主要表现在如下几个方面：第一，大学生的社会实践活动与其基本的学习活动具有高度的重合度。在大学期间，这个群体的主要活动仍然是以知识的增量为主要目的，而这些知识和技能的学习，更好地为大学生在日后的实践活动中具有更加灵活的学习能力，能够将学习的理论知识与知识的创新和应用在社会实践中结合在一起。第二，大学生社会实践也是特定时期的成长方式。大学生在学习知识的过程中，同样有着迫切的身心发展的要求，除科学之外，大学生还需要有自己的“自我”，需要世界观、价值观和人生观的再塑造；这种成型的过程就意味着大学生在社会实践中学会了书本之外的“知识”，了解到真实的社会事实，并且逐渐扮演真实的社会角色，从而完成从青春期告别礼，走向承担社会责任的成熟主体的过程。第三，大学生社会实践的阶段性还表现在大学生的成长到最终的成才，需要有着不同时期的、目标不同的任务，其中包括身体的和心理的，学业和精神等综合体。这表明，这个阶段的社会实践与大学生的全面成才有着直接的关联，前者为后者提供了重要保障。

（四）大学生社会实践的社会性与专业性

大学生社会实践的目的是让大学生了解社会、服务社会。据此，大学生的社会实践既表现出一定的社会化特点，同时也具有专业性特质。

1. 社会性

社会性，是指大学生社会实践的主要目的是以社会为中心，并以服务社会为宗旨。大学生社会实践活动体现了社会化生活，或者说社会化分工在大学生社会实践活动中的指导方向。随着社会分工的日趋多元化，过去社会中通过某种身份或者其他特殊关系而进入社会获得优越地位的现象在逐步地修正，即使可以通过如此谋得一种社会职业，而最终也会在社会分工的专业化程度下屈服。现代社会是一个巨大的分工社会，中国的社会转型正朝着这样一个方向发展，大学生较早地做好高度分工社会成员的准备，就能够更好地理解国情，理解身边的社情，缩小大学生活与现实社会的差距，实现社会实践的目标。因此，大学生社会实践是提高社会生活能力的实践活动。大学生参加实践锻炼，就是要体验不同的社会生活，有的到机关调研考察，有的到农村服务，有的到企业带薪实习等。大学生参加实践锻炼就要体验不同的生活场景，锻炼独立生活能力，提高综合素质。此外，社会实践在某种程度上是大学生在即将踏入社会过程中学习扮演劳动者角色的活动，是从模拟劳动者的创造性劳动转换成为真正劳动者的真实训练。通过这种特殊的社会实践活动，让大学生们在这个假定的，但一切又是真实的“舞台”上，逐步了解如同其他社会实践一样需要做的生产环节、知识理论和生产技能，为其成为一名真正意义的劳动者做好各种准备。两者唯一的区别就在于，这样的实践是可以精细设计并反复练习的。因此，这种社会性本身就是大学生社会实践的基本底色。

2. 专业性

专业性，是指大学生在了解社会、服务社会的过程中必不可少要应用所学理论知识的特性。如前文所述，大学生社会实践的阶段性的体现就是这个阶段的实践活动始终与这个群体的“学习”密切相关。大学生的社会实践活动要围绕专业的培养方向和办学宗旨来确定社会实践的内容和形式，让大学生能够在社会实践中将自己的专业性与目的性等问题紧扣在一起。大学生在参与社会实践中，利用专业知识开展各项活动，更能体现社会实践的特色和效果，更能了解社会、服务社会。例如，大学生“三下乡”社会实践活动，在宣传党的理论知识、开展慰问孤寡老人和留守儿童之余，不同专业的大学生应当具备不同的活动形式，如法学专业的学生开展法律咨询服务，教育学专业的学生开展暑期支教，医学专业的学生开展身体健康检查和咨询，农学专业等学生开展农业技术培训等。不同专业特色的社会实践，让学生能够学以致用，检验理论知识学习的成果，以专业的特长达到了解社会、服务社会的目的。

（五）大学生社会实践的系统性与专题性

大学生社会实践是系统工程，需要统筹兼顾，进行合理安排。大学生社会实践也具有专题性，每一次具体的社会实践活动都是一个专题培养形式。

1. 系统性

系统性，是指大学生社会实践的规划具备的整体性和动态性特质。首先，大学生社会实践要进行整体规划，大学每个阶段的社会实践培养能力侧重点应当各有不同。作为刚刚进校的大学生，许多还没有转换思维模式，对社会实践活动理解不足，对社会的认识较为缺乏。这个阶段的大学生社会实践应当是引导性的，以不同的活动形式让广大的大学生参与其中，通过系统性的课程体系的设计来帮助大学生社会实践的操作。同时，那些高年级的学生，除已经具有的课程理论体系外，还具备一定的社会认识，能够将所学服务于社会。这一阶段的社会实践可以更多地以学习型、服务型社会实践为主，让大学生更好地参与社会，适应从大学到社会的转变。也就是说，大学一年级适合开展社会价值与人生理论的健康教育；第二年更应当重视的是有关社会责任的培养；对于高年级的大学生则应当将全面成才的意识与自己的专长相结合，为服务社会的目的而进行实战训练。其次，大学生社会实践应当从整体上进行活动规划，保证大学生的全员参与。大学生的能力、特长有所不同，应当有不同的社会实践形式去满足全体大学生参与社会实践的需求。大学培养要有点和面的结合，不能放弃小部分学生，损害他们的发展权。

2. 专题性

专题性，是指大学生社会实践以专题的方式开展，着力解决一类问题的特质。专题性是具体的大学生社会实践活动重点培养大学生某一方面的能力。首先，专题性，是某一时间段，或某一特定时期以完成专项任务为主组织的大学生社会实践活动。例如，开展“保护母亲河”志愿服务活动、北京奥运会志愿服务活动、“三下乡”、“四进社区”和假期带薪实习社会实践活动等，就是以专题的形式开展各类大学生社会实践。其次，专题性也表现为以项目为依托开展大学生社会实践活动。以项目的形式开展大学生社会实践能够较好地对社会实践进行全程跟踪、指导，以及后期评估和反馈。所谓社会实践的项目化管理，本身就是以一种规范的理念来进行社会实践创新的方式。注重社会实践活动的投入与产出比，实质上就是要与社会效益和社会价值整合的一种恰当体现。例如，项目化的具体方案和实施的程序，如从项目的申报到项目的评审，从项目指导方向的确定到项目的成本控制和管理，都保障了大学生社会实践项目的科学可行，同时又体现了这个群体的社会实践能力。

三、大学生社会实践的作用

大学生社会实践是大学生思想政治教育的重要内容和教育方法。大学生社会实践的积极作用可以从两个方面进行分析，包括大学生社会实践对大学生发展的积极影响，以及大学生社会实践对高校思想政治教育工作的积极作用。

（一）大学生社会实践促进大学生成长、成才

大学生社会实践促进大学生成长、成才，是指通过组织、指导大学生参加社会实践，在提高其素质的过程中产生的有利作用。社会实践是高校培养人的重要方式，既能检验学校育人的成果，也能在实践中培养人、锻炼人。

1. 促进大学生的全面发展

大学生需要全面发展，包括理论知识、动手能力以及社会化程度等。简单地说，教育的目标就是要培养德、智、体全面发展的人才，使他们成为社会主义建设者和接班人。大学生参加社会实践活动对促进大学生全面发展具有重要作用。

（1）大学生全面发展是培养大学生人才的基本要求。大学生是潜在的人才，而人才应当具备全面的素质，能够理论与实践相结合。全面的素质应当包括政治素质、专业素质、道德素质、实践素质等。同时，大学生应当适应社会，成为社会的一个单元，逐步促进语言社会化、行为社会化、政治社会化和道德社会化。

（2）大学生社会实践对大学生素质的培养。大学生参加社会实践使大学生不仅思想感情上会发生变化，而且其知识结构、能力水平、社会化程度都会发生变化。正是如此，从美国著名心理学系传来这样一种充满世纪遗憾的声音："编撰二十世纪历史的时候，可以这样写：我们最大的悲剧是：千千万万的人们活着然后死去，却从未意识到存在于他们身上的巨大潜力。"[①] 人的巨大潜力必须要从实践中去感知和获得，离开实践人将失去思考的原本。

第一，深化大学生的理论知识。社会实践本身也是一种教学，不仅可以让大学生将在校学习的理论知识运用于社会，也可以在实践中学习新的理论知识和社会知识，成为学校理论教育的有益补充。大学生在与专业相关的实践中需要运用在校学习的专

---

① 王通讯. 人才潜能开发学［M］. 北京：中国社会科学出版社，2011：11.

业知识去分析问题和解决问题。例如，法学专业的学生到法院实习就需要将自己平时学习的法律知识运用到具体的案例中，医学专业的学生到医院实习就需要将自己平时学习的医学知识运用到具体的病例中。这样的社会实践既能够检验大学生的理论学习成果，让大学生了解自己掌握理论知识的长短之处，有利于其再回到学校补充专业知识学习；同时，又能够巩固大学生在学校学习的理论知识。理论只有与具体的实践结合才能转化为技能，而不至于成为空谈理论的“梦想家”。此外，通过社会实践也能让大学生重视学校的理论学习，让大学生认识到时间的紧迫性，要成为专业的拔尖人才就必须再回到学校学习理论知识，只有掌握更多的理论知识才能在实践中与实际的情况进行对接。否则，大学生将会在实践中面临问题找不到知识的对接点而对问题束手无策。大学生通过参加社会调查、田野考察等实践活动，能够丰富实践经验并增加对社会的认识。大学生能够通过这些社会实践活动更为深刻地学习和理解社会主义核心价值观，使理论灌输变为主动学习，这样大学生更能够掌握和理解理论知识。第二，培养大学生的动手能力。社会实践是培养大学生动手能力的重要平台，是理论知识的具体运用。一些大学生对理论知识掌握牢固，但由于缺少实践机会，在实践中很难具体运用理论知识。大学生社会实践能充分发挥大学生的主观能动性，通过社会实践，大学生的口头表达能力、写作能力、社交能力、组织管理能力以及科学研究等能力都会大有提高。在社会实践中，大学生必须学会通过自己的努力完成工作任务，达到工作目标。在社会实践中，大学生在老师的指导下，完成专业工作、调研、访谈、咨询、写作等工作。这些社会实践可以培养大学生独立思考、独立办事的工作能力。第三，促进大学生的社会化发展。社会化是由自然人到社会人的转变过程，是“社会系统动力学的中心现象”①，个体社会化的过程始于家庭生活，并逐渐扩展到学校，并向社会延伸。改革开放以来，尤其是高等教育改革后，大学已经不再是“象牙塔”，大学生就业从国家分配走向双向选择。在改革浪潮的席卷下，大学已经逐渐开放，大学生了解信息的渠道多样化，大学生生活方式多元化。社会一方面需要大学生社会化，同时社会的变革也促使大学生的社会化。但大学生处于人生的“疾风骤雨期”，是各种矛盾的集合体，社会化程度较低。在这一时期，大学生对社会问题的认识往往是一元化的肯定或否定，缺少客观、辩证的分析。而在社会实践中，社会生活是多元的、复杂的。大学生在交织的社会关系中发现问题、解决问题，逐步促进语言社会化、行为社会化、政治社会化和道德社会化等个体社会化过程。

2. 培育大学生的团队合作意识

大学生在参加社会实践过程中将分散的、个体的力量聚集为团队力量，在团体活动中培育团队合作意识。社会实践活动以项目、团队的方式组成，可增强大学生参与社会实践的积极性，更好地发挥大学生在社会实践团体中的才能，并以之对整个大学生群体产生正面的、积极的团体影响力。具体而言，包括：

（1）形成团结互助的社会实践团队。大学生社会实践以团队形式开展具体的社会实践活动，共同完成社会实践任务。在社会

---

① 塔尔科帕·帕森斯．社会系统［M］．The Free Press，1951：52. 转引自：［法］达尼洛·马尔图切利著．姜志辉译．现代性社会学［M］．南京：译林出版社，2007：65.

实践活动中，团队成员只有团结互助才能有效地完成社会实践任务，在团队合作中大学生才能够形成合力。

学校组织的大学生社会实践通常是以团队为主要形式，而配合以少有的个体独立社会实践。大学生社会实践以团队的形式出现，更能整合大学生社会实践力量。团队不仅能最大限度地发挥单个大学生的社会实践优势，也能在成员互相配合中产生新的团队整合力量。例如，文化、科技、卫生“三下乡”，科教、文体、法律、卫生“四进社区”的社会实践活动，以及“研究生支教团”、法律诊所等社会实践活动，都是由学生自愿报名组成的大学生社会实践团队。这些团队式的社会实践活动都具有较大的社会影响力，对人才培养也起到了重要作用。大学生社会实践团队的形成，是由大学生个体到团体发展的过程。在社会实践团队中大学生通过短暂的“破冰”期间就能彼此相互信任，在社会实践过程中形成共同的目标和梦想。在具体的社会实践活动中，团队成员能够形成统一的立场、共同的目标，他们的社会实践在行动上可以保持一致、连贯、紧密、互助和互补。目标的一致性就是大学生社会实践团队的优势，一方面大学生期望通过社会实践增长才干、了解社会，另一方面高校也期望通过社会实践培养人才。大学生社会实践能满足所有参与大学生的需要。在社会实践活动中，参与者之间没有利益的冲突和目标的冲突。这使得大学生社会实践团体能更好地凝聚团体成员，使团体成员在社会实践中都有收获和进步。当然，这些社会实践团队仅是大学生中的一部分，这部分大学生也会在日常的生活、学习以及实践中影响周围的大学生。通过大学生同辈群体的宣传和活动展示，使社会实践具有更强的吸引力，让更多的大学生在实践中学习知识、提升能力、完善品格。

（2）在社会实践活动中形成共同的奋斗目标。每一个大学生社会实践团体都会完成共同的目标和任务，达到或基本达到社会实践的预期效果。

政治教育类社会实践团队，其共同的目标和任务是使大学生形成正确的世界观、人生观、价值观。大学生社会实践团队通过具体的社会实践活动了解和掌握国家的政策、方针和制度，并通过团队讨论的形式去认识社会的现实问题，坚定社会主义理想信念。教学类社会实践团队，其共同的目标和任务是运用在校所学的理论知识解决实际问题。以专业知识的学习和应用为主要任务的社会实践团队，可以在实践中强化理论知识的学习，也能通过实践认识专业知识学习的不足。实践团队在具体的社会实践活动中，可形成解决现实问题的专业方案，以团队合作形式完成社会实践任务。志愿服务类社会实践的目标和任务是培养公民社会责任感、倡导合作精神、提高社会福利以及推动社会进步。志愿服务的社会实践团队在活动中通过共同的努力，能够促进个体形成志愿服务精神。具体而言，如大学生文化、科技、卫生“三下乡”社会实践活动，其目标和任务就是到基层宣讲先进的文化、科技和卫生知识，并以大学生的实际所学服务于基层民众。大学生社会实践团体成员的分工是以共同目标和任务为基础，以分散的任务汇集成为共同的任务。

3. 帮助大学生认识社会，提高辨别能力和研究能力

大学生通过参与社会实践活动，能够更加深入地了解社会现状，同时为提高大学生的研究学习能力，为高校课题研究提供必要的资料基础和论证平台。

（1）通过社会实践发现社会问题。大学生要适应社会，完成社会化发展，首先就要发现社会问题。大学生对社会的了解不能完全依靠书本，必须通过实践，了解真实的社会，发现社会问题。对于研究，知识是基础，但知识仅仅是成功的一半。研究属于一种创造性工作，创造性工作需要知识、素质、领悟，需要创造性的思维和创造性的实践。知识是掌握理论，实践才能运用理论并升华理论。只有不断地实践，才能使认识的现象产生质的突变，从而升华为理论的本质。“人是一种社会或政治的动物，他或她的积极生活总是扎根在一个人和人造物的世界当中，决不能离开或超越他。”① 大学生的研究课题是对大学生积极生活的反映，而大学生社会实践可以发现研究课题，并为高校研究提供新的视野和素材。当前无论是社会科学还是自然科学的研究都不能脱离现实，社会实际问题始终是研究的热点和重点。高校为了培养大学生的研究能力，提高大学生的研究水平，普遍设立本科生创新研究课题。大学生如何发现新的研究课题，一方面来源于对理论知识理解过程中的疑问引发的思考；另一方面就来源于社会实践中发现的问题。大学生只有积极投身于各类社会实践活动，才能在沉思中理解社会问题并理性探求解决问题的对策。通过社会实践发现的社会问题，是真实的社会问题，大学生对于这些问题的研究有助于其了解我国国情、民情，增强自身的社会责任感。

（2）在社会实践中探讨社会问题。理论认识的过程第一步接

① ［美］汉娜．阿伦特著．王寅丽译．人的境况［M］．上海：上海人民出版社，2005：14.

触客观的物质世界，这属于感觉的阶段。综合感性的材料并加以整理和改造，是属于下定义、判断和推理。“只有感觉的材料十分丰富（不是零碎不全）和合于实际（不是错觉），才能根据这样的材料造出正确的概念和论理来。”[①] 研究中所需要的材料从实践中得来，尤其是对现实问题的研究必须经过调研、座谈、访谈等实践形式获取第一手研究资料。

许多大学生社会实践活动都带有社会调研的任务，这既可以让大学生参与教师的科研项目，也可以帮助大学生获得自己感兴趣的研究资料。在社会实践中，大学生深入基层去了解国情、民情，与基层老百姓面对面接触，能看到最真实的社会现状。大学生在社会实践的过程中通过调查问卷、访谈、座谈、查阅资料等形式收集研究资料。通过资料收集，大学生可以探讨社会问题，去了解社会问题存在的现状，分析社会问题存在的原因。

（3）社会实践后提出解决社会问题的方案。理论并非是从理论到理论的过程，而是从实践到理论再到实践的过程，认识上升到理论后还需要经过实践的检验。

大学生应当具备解决社会问题的能力。真理和知识只能靠“行动”，而不是靠沉思来获得。正如一种新的理论或新的发明，只有应用于实践才能证明其价值和实用性，如果仅仅是将其束之高阁，是不会对人类发展产生任何影响的。高校最新的研究成果转化为生产力的一个重要渠道就是通过社会实践活动把大学生学到的最新理论知识运用于现实生活中。通过大学生社会实践检验

---

① 实践论．毛泽东同志论教育工作［M］．北京：人民教育出版社，1992：27.

理论的真实性和有效性。大学生在学校通过课堂学习接收最新的理论，而他们也是这些理论的传播者和验证者。老师的研究成果是否正确，大学生只有通过实践才能对之进行判断。大学生通过社会实践形成解决社会问题的方案。大学生通过了解社会问题、分析社会问题，而后形成解决社会问题的方案。大学生通过对现实社会问题的分析和理论知识的应用逐渐形成解决社会问题的方案，既能够体会社会现实，也能合理应用理论知识。即使大学生解决社会问题的方案并不能得到及时运用，不能真实地解决现实问题，但是，大学生通过社会实践能够掌握认识问题、分析问题、解决问题的科学思维方式。

4. 促进大学生服务社会

如果仅仅看到社会实践对培养大学生的作用，而忽视大学生社会实践对于社会的积极作用，难免会造成社会对于大学生社会实践的轻视。

（1）大学生社会实践能服务地方经济、促进文化建设。大学生是潜人才，经过培养和锻炼才会成为社会栋梁。大学阶段不仅仅是通过课堂教学灌输先进的理论知识，更是大学生通过社会实践锻炼能力的重要阶段。

大学生社会实践能够在一定程度上为地方经济、文化建设服务。在社会实践中，大学生通过完成具体工作可以为社会组织、机构服务，既锻炼了自身能力，也能服务地方经济、文化建设。许多政府部门、社会组织、企业在接收大学生实习时一方面为大学生提供了实践的机会和平台，另一方面也可以解决单位缺人的问题。大学生凭借扎实的理论基础和较高的综合素质能较快适应一些社会工作或与专业相关的基础工作，有效缓解单位人才紧缺的压力。大学生社会实践是一种智力输出活动，通过形式多样的社会实践活动，能促进地方的经济发展和文化繁荣。如一些大学生挂职锻炼项目，让大学生真实参与地方经济建设工作，为地方经济建设出谋划策；一些大学生支教项目，让大学生到偏远地区支援教育，为偏远地区学童带去知识；一些大学生文化服务项目，成为地方文化发展不可忽视的基础力量。

（2）大学生社会实践能在一定程度上服务群众的生产、生活。大学生社会实践宏观上可以服务地方的经济、文化建设，微观上能服务群众生产、生活的需要。

大学生社会实践需要接触群众生产、生活。大学生是充满朝气活力的群体，在社会实践中能让服务对象感受大学生群体的热情、热心等特点。在具体的大学生社会实践活动中，大学生总是需要和群众打交道，通过社会实践丰富群众的精神文化生活，或者帮助群众解决一些实际困难。当前大学生不仅乐于助人、热情善良，并更容易接受新的科技成果，更乐于参与志愿服务。当然无论哪个时代，大学生社会实践都能对群众的生产、生活起到积极的作用。

大学生通过社会实践可将在学校学习的理论和技术应用于现实生产、生活。例如，“三下乡”社会实践项目，动植物学科的大学生可以用所学的专业知识帮助农民提高养殖和耕种产量，法学学科的大学生可以用所学的专业知识帮助群众解决一些简单的法律纠纷，等等。同时，大学生社会实践还能在一定程度上帮助群众改善生活状况，如一些志愿服务和扶贫性质的社会实践项目，大学生参与的目的就是帮助服务对象解决生活困难。

（二）大学生社会实践增强大学生思想政治教育效果

社会实践是大学生思想政治教育的重要方法和重要途径，与理论教学相辅相成，并以实践的方式促进大学生对党和国家政治观点、思想观念和道德规范的吸收和内化。

1. 坚定大学生的理想信念

大学生社会实践作为大学生思想政治教育的一种有效载体，最重要的功能就是坚定大学生的理想信念。

（1）坚定理想信念是大学生人才培养的核心。“理想，是与奋斗目标相联系的有实现可能的信念，是人类所特有的一种精神现象。信念是建立在认识和情感基础上的一种思想意识，是人们在社会实践中形成的、自己认为正确并坚信不疑的观念。”① 要让大学生成为社会主义制度的拥护者、社会主义事业的建设者，就必须培养大学生坚定的理想信念。社会主义理想信念就是共产主义理想和马克思主义信念，这是培养社会主义人才的基本标准。让大学生具有坚定的社会主义理想信念，是大学生思想政治教育的根本任务，也是大学生社会实践的根本目标。

（2）大学生理想信念培养面临挑战。近年来，社会思潮已经从一元发展到多元。处于价值观塑造和定型期的大学生在面对社会思潮变化的过程中，开始了较为自由的选择。当代中国大学生已经不再只接受一种思想、一种主义，他们开始打破封闭的思想，在生活中选择自己的信仰。与此同时，网络突飞猛进的发

---

① 张耀灿，郑永廷，吴潜涛，骆郁廷等著．现代思想政治教育［M］．北京：人民出版社，2006：149.

展，成为大学生重要的信息获取渠道，真实的、虚假的网络信息向传统的“灌输式”教学方式发起挑战。大学生已经不满足于仅仅接受课堂传授的书本知识，但又没有足够的实践经验去判断网络信息的真假或对错。

（3）大学生社会实践为坚定大学生理想信念提供了现实的方法。大学生社会实践恰是正面理论教育主渠道的有益补充。参加社会实践，大学生就能有更多的机会去接触社会，能够更为客观地认识社会，在实践中思考社会问题，并在实践中探索解决之道。用直观生动的社会现实教育大学生更有说服力，在社会实践中，大学生能看到我国改革开放以来取得的伟大成就，并亲身体验中国共产党路线、方针的正确性，也让他们看到我国存在的社会问题并思索解决这些问题的方案和对策。社会是一个大课堂，大学生只有走出校门，广泛接触社会，直接感受时代的脉搏，才能深刻理解改革开放并不是简单的纸上论道。国家进步、民族发展需要每一代人付出极大的努力与代价，作为青年大学生更应该有历史使命感，做到学好本领，积极投身社会实践之中，为国家建设做出最大的贡献。只有这样，青年大学生才能真正迸发自身与祖国命运息息相关的真挚情感，坚定理想信念。

2. 培育大学生的爱国主义情感

培养正确的爱国主义情感，深入开展中华民族优良传统和革命传统教育，弘扬以爱国主义为核心的团结统一、爱好和平、勤劳勇敢、自强不息的伟大民族精神对于当代大学生的思想政治教育具有重要的意义。

（1）爱国主义是大学生人才培养的重点。“爱国主义是中华民族的光荣传统，是蕴含最为深厚的历史情感，是全国各族人民共同的精神支柱，鼓舞和激励着全国人民万众一心，团结奋斗。”[①] 社会主义的人才，应当具有强烈的爱国主义情感，认同中华民族的光荣传统，认同中华人民共和国的成立是历史和人民的选择。大学生应当具备正确的历史观，了解中国历史，客观认识我国发展中的问题和困难，以爱国主义为基础讨论我国的现代化建设。

（2）培育大学生爱国主义情感面临的挑战。当前一些大学生深受西方国家价值观的影响，并出现了国家认同的“漂浮化”。他们总是认为国外的东西比中国的好，国外的法律比中国健全，国外的文化比中国传统文化更具有说服力和哲理性。如何培养大学生的爱国主义情感，让大学生理解中国发展中的问题和困难，成为大学生社会实践的重要课题。

（3）大学生社会实践是培养大学生爱国主义情感的重要载体。大学生通过社会调查、社会服务等社会实践活动能够真切地感受到祖国的深刻变化。通过从走革命路、参观革命教育基地等社会实践活动，大学生能体会到中国革命的曲折，理解中国革命成功的来之不易，学习中国革命中原发的伟大精神。通过到西部、到基层开展帮扶、支教等社会实践活动，使大学生能够融入各民族群众中，去观察民族地区的生活习惯、文化习惯，在与基层老百姓打交道的过程中了解民情、社情，建立大学生与老百姓之间的联系，激发并增强为民族伟大复兴奉献，为国家民主、富强而奋斗的激情与信心。

---

① 张耀灿，郑永廷，吴潜涛，骆郁廷等著．现代思想政治教育［M］．北京：人民出版社，2006：152.

3. 提升大学生的道德品质

高校要培养社会主义的建设者和接班人，担负起中华民族伟大复兴的重任，就必须在实践中培养和塑造大学生良好的道德品质。

（1）道德教育是大学生人才培养的基础。“道德品质是一定社会、一定阶段的道德原则和规范在个人思想与行为中的体现和凝结，是一个人在一系列道德行为中表现出来的比较稳定的特征和倾向。”① 道德主要依靠社会的舆论、风俗习惯和个人内心信念来维系。道德以善恶为评价标准，是调整个人与他人以及社会相互关系的心理意识和行为规范的总和。在现实生活中，大学生应当不断自我完善、自我教育，自觉形成公民觉悟，丰富自我的精神生活，努力使自己成为德才兼备的人才。

（2）大学生道德品质教育存在的问题。当前，大学生的成长环境较好，大多数在家长的呵护下长大。一部分学生不再像昔日的学生那样甘受寒窗苦读的辛苦与寂寞，而容易专注于消费型、娱乐型的生活。一些道德滑坡的现象也表现在大学生群体中，如一些大学生不尊重父母、师长；一些大学生在对待恋爱问题上随便、任性甚至因为恋爱失败而产生犯罪动机；一些大学生缺乏社会公德，不遵守公共道德的情况也时有发生。

（3）社会实践是培养大学生道德品质的重要方式。大学生为了获得一手调查资料，必须接触现实社会，到农村、企业、公司去了解社情、民情。在调研的同时，大学生社会实践还有许多社

---

① 张耀灿，郑永廷，吴潜涛，骆郁廷等著．现代思想政治教育［M］．北京：人民出版社，2006：155.

会服务、志愿服务的项目让大学生在社会实践中学会帮助他人、奉献自己。因而，社会实践能帮助大学生调整个人与他人以及社会的相互关系，树立正确的职业道德观、社会公德观和家庭美德观。

4. 培养大学生攻坚克难的拼搏精神

社会实践的经历与在校学习的经历是完全不同的，社会实践的经历更加鲜活、生动，具有挑战性和感染力。

（1）社会实践团队在具体活动中需要接触社会现实。大学生社会实践活动让学生有机会深入工矿、企业、机关、乡镇和农村，开展参观、调查、科普推广、法律服务等活动。大学生通过这些具体的社会实践活动，直接与社会不同阶层进行接触和交流。他们可以熟悉某一地区、某一阶层的文化观念、风土人情和生活方式，同时又可以积累一些与他人相互交流、共同相处、独立生活及生产劳动方面的经验。在完成社会实践的过程中，大学生也能逐渐学会团结、合作，融入社会实践的集体，通过共同的努力完成社会实践任务。

（2）社会实践团队需要共同的拼搏才能克服现实的困难。在社会实践活动中，大学生会面临许多困难和问题，如在调研中遇到群众不配合的情况，在志愿服务中遇到群众不理解甚至反感的情况等。社会实践中的困难和问题会让成长中的大学生经历社会生活的挫折，增强挫折承受能力，在共同解决难题的过程中增强社会实践团体的凝聚力。更为重要的是，社会实践引导大学生认识到自己是一个更大的社会群体中的一员，要为自己隶属的社会承担自己的责任。

第二章

大学生社会实践的理论指导

大学生通过社会实践受教育、长才干、作贡献，完善知识体系、健全人格并提高个人修养。但如果缺乏理论指导，社会实践就是盲目的。大学生社会实践同样需要与时俱进的开放理论体系的指导，最大限度地实现其功能和作用。本章将以人的全面发展理论、社会实践的理论和马克思主义社会实践成才理论为指导，探讨这些理论的内涵以及对大学生社会实践的指导作用。

一、马克思主义关于人的自由而全面发展理论及其指导作用

人的全面发展理论是马克思主义学说的重要组成部分，它揭示了人全面发展的内涵、衡量尺度和成立条件等，对个人及人类的发展具有普遍的指导意义。要将人的全面发展理论作为大学生社会实践的理论前提，就必须厘清这一理论的概念、内容及其阶段条件，并对实现人的全面发展的条件进行逐一分析。

（一）人的自由而全面发展理论内涵

马克思主义人的自由而全面发展理论内涵丰富，本部分主要探讨其含义、内容和实现的客观条件。

1. 人的自由而全面发展学说的含义

在马克思与恩格斯的现代性主体的学说中，贯彻其前后学说的线索就是人的自由而全面发展的理论。在他们合作撰写《共产党宣言》的时候，就明确了这一日后的主体哲学的发展思路："代替那存在着阶级和阶级对立的资产阶级旧社会的，将是这样一个联合体，在那里，每个人的自由发展是一切人的自由发展的条件。"① 同时，1877 年马克思又一次提出了这一观点："一切民族，不管他们所处的历史环境如何，都注定要走这条道路，——以便最后都达到在保证社会劳动生产力极高度发展的同时又保证人类最全面的发展的这样一种经济形态。"② 可以说，《共产党宣言》以一种强烈的修辞，甚至是一种布道的口吻，宣示了替代典型的权力社会中统治者与被统治者直接对立的悲惨命运，取而代之的是在人间重建一个新的联合体：在这一个人间的天堂中，每个人的自由发展是一切人的自由发展的条件。马克思主义的人的全面发展，就是现实的人在自由发展条件下所能体现的无限完美的现代人的一切可能。可以说，马克思从"现实的个人"出发，解开了自现代社会肇始以来，人的全面发展，乃至全人类解放的核心关键。而这个"人"所解脱的是资本主义私有制的束缚和支

---

① 马克思恩格斯文集（第二卷）[M]. 北京：人民出版社，2009：53.

② 马克思恩格斯文集（第三卷）[M]. 北京：人民出版社，2009：466.

配，从事物质生产劳动，并实现单个的自由人到自由的联合体的集合。从现代意义上而言，人的全面发展的实现需要依靠“人”的条件与“社会”条件的充分契合，才能实现现代人的本质特征——通过社会实践而全面的发展，或者说自由的发展。

2. 人的自由而全面发展理论的基本内容

人的全面发展可以归纳为以下几个方面：

（1）个人素养的自由发展。马克思、恩格斯把劳动能力定义为人的基本素养，并将这种能力理解为“人的身体即活的人体中存在的、每当人生产某种使用价值时就运用的体力与智力的总和”①。这种自我能力的充分自由发展不仅包括体力和智力的充分自由发展，同时它还蕴藏着个人的潜在素质和机能，包括个人的道德修养、艺术特长、情商、品质，等等。

（2）社会关系的丰富和发展。马克思认为，人的本质是由其社会现实的事实所决定的，也就是说，一个个体与这个世界（他者）所发生的千丝万缕的联系构成了我们理解“人”的本质的重要维度。马克思与恩格斯都认为，一个人的发展“不决定于意识，而决定于存在；不决定于思维，而决定于生活；这决定于个人生活的经验发展和表现，这两者又决定于社会关系”。因此，人的全面发展必定是人在社会中的全面发展，而不可能是孤立于现实社会之外的发展。人的全面发展的内在要求就是个人社会关系的丰富和发展。另外，个人社会关系的丰富和发展同样受制于社会生产力发展水平，即社会的物质生产条件。在《共产党宣言》中，马克思如此浪漫地描写了资本社会将人与人之间的关系

---

① 马克思恩格斯文集（第五卷）[M]. 北京：人民出版社，2009：195.

如何演化成为一种不加掩饰的赤裸裸的拜金主义的闹剧：在资产阶级的眼中，即使是过去含情脉脉的家庭关系，在“金钱欲望”的催化下也会转变成为最残酷的陌生人关系；而过去纵然是“敌仇关系”的他者，也可以因为“交易”而变得比家人更加的亲密无间。现代人的异化，使个人的社会关系也是断裂式发展的，它直接成为了人的全面发展的障碍。①

（3）个人与社会的协调发展。个体与社会的平衡关系，也是构成人的全面发展的基本前提。因为，现代社会的个体以及被划分为原子式的个体化单位，个人的生存，或者说个体安全的保障，比以往任何时代都更依赖于社会发展的基础。可以说，社会的存在与发展成为了现代社会个体生存与发展的重要安全阀。马克思曾在比拟亚里士多德的“政治”一词时指出：“人是最名副其实的政治动物，不仅是一种合群的动物，而且是只有在社会中才能独立的动物。”② 这种将现代社会与个体的发展紧密联系的观点，可以看作是马克思对于古典政治社会的一种“回归”，或者说是对霍布斯以来所造就的个体与社会的认为分裂的一种“弥合”。个人和社会是有机统一、协调共生的，是一种可以被视为传统柏拉图“大写的人”的现代表述：人具有个体性，具有独特的思想和行为方式及需要，但是“个人总是并且也不可能不是从自己本身出发”去认识、评价和改造外部世界；同时，人又是社会性的存在，是社会人，总是将自己置于一定的社会关系之中，

---

① 张海国．马克思主义关于人的全面发展理论与大学生思想政治教育［J］.学校党建与思想教育，2012（1）：56.

② 马克思恩格斯文集（第八卷）［M］．北京：人民出版社，2009：6.

只能在社会中求得个体自我的进一步发展需求。

总的来说，马克思关于人的自由而全面发展理论，就本质而言，是一种历史唯物主义之下的关于“人”的发展学说，是关于现代人如何克服其在现代资本主义社会种种“异化”牵制下，走向自由的主体性学说。这一理论包含了关于人的发展的现实阶段性与理想价值性的辩证统一，体现了个体发展与社会发展、个体特性与社会关系之间的内在逻辑。也就是说，人的潜在力量的充分展现，人的自由个性的充分张扬，人的综合素养与社会发展的充分融合，这一涉及人的能力、性格、潜能、素养、心理、人格以及社会关系发展的方方面面的学说，都与马克思的人的全面而自由发展的理论密切相关。因此，要真正实现这个目标，需要以高度发达的社会生产力为前提、先进的社会主义文化为保障，以及较高的人的素质为基础。这些是现代社会追寻的目标，也是促进人的全面发展所必备的基本要素。

3. 实现人的自由而全面发展的客观要件

实现人的全面发展是现代个体努力与社会发展的共同愿望，那么人的全面发展的条件就必须从社会生产力发展水平、个人的潜在与后天发展因素以及二者的辩证关系进行讨论。

（1）高度发达的生产力。在西方经济学史上，有许多的古典经济学家在马克思之前，就已经对“生产力”这一范畴进行了详细的阐述。例如，弗里德里希·李斯特关于完备生产力理论体系的论述，被视为政治经济学说史上的首次突破。李斯特从当时欧美国家发展的现实出发，结合德国的历史发展，试图探寻一条获取国家财富增长的路径。他的生产力的概念包含了科学的、文化的、制度的、法律的，甚至是教育和国家综合实力方面的分析，可以说是对人在现代社会的基本状态的描述，这样的社会条件决定了当时生产力发展的水平。李斯特的生产力实质上是指一国整体的综合实力，而不是个人的生产力。后来，马克思正是沿着李斯特的生产力论述的这条线索，通过《巴黎手稿》、《德意志意识形态》以及《资本论》中的相关论述，逐渐发展出了一条更加清晰的生产力理论脉络。特别是对李斯特著作《政治经济学的国民体系》一书的评析，将“生产力”从经济学上的概念提升为一种哲学的高度。马克思批判其“生产力”的理论体系的预设是建立在对于创造财富的“物质”力量的基础上的。这种单纯的“生产力”，将人和马力、蒸汽，以及其他的物质力量看成是生产力发展的基本条件，而不把无产者看作是“人”，这是资产者对于无产者作为“人”的主体性价值的轻视。至此，在马克思的眼中，生产力已经超越了古典经济学的传统范畴，其核心是改变生产力中重要要素的结构，不再是单纯的物质财富的数量，而是作为人的主体力量，才是生产力的真正内涵。马克思对于李斯特的批判，一方面指出了把人看作是生产力的组成部分，与水力、蒸汽视为同一层次的生产力的基本要素，这本身就是对人的主体性价值的贬低；另一方面，在李斯特“唯生产力论”下，人的作为能动个体的自由意志已经完全被异化，人成为生产力的工具。这是对以现实历史的逻辑为出发点而关怀人的现实境遇的马克思人的自由而全面发展演进逻辑的背离。在马克思看来，“任何人类历史的第一个前提无疑是有生命的个人的存在。”① 离开了这一点，人类社会的功能就会丧失宝贵的多样性，而趋同于单一的，甚至

① 马克思恩格斯文集（第一卷）[M]. 北京：人民出版社，2009：519.

是唯一的趋利的动机。正是在这种意义上，马克思不仅关注生产力的物质价值，而且把生产力与生产关系联系起来，对人、社会和历史发展的本质进行了解释与改造，并将其视为实现人的全面发展的前提条件。

(2) 个人获得受教育的机会和条件。在这里，我们将个人限定为“现代人”，并将个人获得教育的机会和条件与“现代人”的本质——自由的实现联系在一起进行分析。

第一，现代社会的个人接受教育的前提就是他必须学会摆脱加之自身心灵上的蒙昧或者说是一种“枷锁”，而这就需要依靠韦伯所称为的“工具理性”的扩张。所谓“理性”，全面的整体应当包括以下几个环节，即目的、手段（或工具）和评价方式；而现代社会所追求的“工具理性”却不包含目的，这种目的当然不是指一般意义（或者说功利主义）的目的，而是人生的终极目的和意义。[①] 这种目的，人们又把它称为“信仰”。当“信仰”和“理性”纠缠不清的时候，人们是很难从这种意义中解放出来，实现自己的全面自由发展的。纵观西方思想史，从古希腊和古罗马以来，西方的信仰和理性就没有呈现出二元分裂的状态。这样一来，信仰对理性便构成了限制，使得理性不能贯彻到一切社会生活中去，从而妨碍了理性（包括科学技术）在社会生活和公共生活中的应用和实践。到了 17 世纪，西方发生了信仰与理性的二元分裂之后，二者才呈现出了相互分裂的局面，理性才有机会稳定地成为科学、技术、政治、经济和文化的基础。现代科

---

① 金观涛著．探索现代社会的起源［M］．北京：社会科学文献出版社，2010：7.

学的产生，几何式思维方式的应用，才可能为现代的个人提供建立在经验实证基础上的现代教育以及全面发展的可能。

第二，现代人的本质——自由，也是其获得全面发展之教育的重要条件。黑格尔关于“自由问题”的论述构成了其对于人的本质的教育与作用问题的重要基石。他所秉持的“自由”的理念，认为自由意志是作为独立自在的个体存在理由，也是人的本质所在。这种“自由”的高贵之处，并不在于其“先天性”，而在于它是一种理性选择之下所作出决定的“自由”。这种自由不是与生俱来的，也不是不证自明的自然法的某种原理，而是将理性的启蒙精神应用于个体后天的学习与教育中，并逐步习得的一种关于“自由”的知识。黑格尔认为，教育的真正含义就是使一个个体从不完善的蒙昧状态达到一个比较完善的自我理性启蒙状态。另外，教育可以使人们从主观性与特殊性的“复杂”中解放出来，走向普遍性和特殊性统一的规律世界。黑格尔认为，自由总是要过渡到设定的某个具体事物，如果不是为了追求某事物的动机，就不是什么自由意志；但仅仅停留在主观性的特殊之物的自由仍是自在的自由，还不是真正意义上的自由。我们从黑格尔的教育与自由的关系中可以看出，自由教育的目的应着眼于以下两个方面：个体的可完善性，是通过教育完善人的理性，使人从自然天性发展到具有伦理精神的社会存在；教育的真正目的，或者最高的层面，是对于通过教育培养有良好德行的国家公民。在黑格尔看来，具有完善理性的基本个体与具有良好教养的国家公民，两者应是一致的。为了实现这个宏伟的自由教育目标，就必须实施完整的理性体系教育，而完整的教育至少应包括三个层面：伦理教育、理论教育和实践教育。

（3）个人积极参与社会实践。个人的全面发展必须通过社会实践来加以实现，并且个人的参与同社会实践之间所确立起来的关系，充分展现了马克思所论述的“自由”的概念，同时这也是克服现代人“异化”（黑格尔“自由”的缺陷）的重要方式。自由问题始终是马克思自青年时代以来，长期萦绕在其哲学体系中的核心问题。马克思在不同的时期、不同的论题中，以不同的书写方式，描述了其自身对于“自由问题”的理解，并将其发展成为了一种关于“自由”的革命性理论。其中，“异化”的概念就是承接黑格尔“自由”理念的重要环节。在马克思的一生中，自由问题始终是一个备受关注的问题。异化，其本意是指对于主体性价值的反向，是那些具有自主意识的主人们反被其亲手创造出来的客体力量所束缚，甚至所控制。追寻自由的方式，反而成为了剥夺自由的元凶。异化的客体，不以主人的意志而改变，而是反过来支配着人、奴役着人。由此看来，异化的不仅是那些人们所创造出来的力量，它本身就是自由的敌人，是自由的反面。马克思的自由思想正是在对异化的批判中，第一次得到了全面的阐述。而接下来马克思要做的就是通过对异化的扬弃，实现自由的复归。在关于对异化劳动的批判以及共产主义的阐述中，马克思阐述了现代自由的多重性内涵，展现了人追寻全面自由的可能性：首先，人与自然界是和谐统一的。主体与客体之间的天然平衡是前政治时代的基本特征，进入人类社会存在的政治时代后，这种天然的平衡才逐渐被打破。一方面，人作为自然界长期发展的产物，来自于自然界，是自然界的一部分，人也必须与其他的自然之物一样遵循着不可改变的自然规律。“自然界是人为了不致死亡而必须与之处于持续不断的交互作用过程的、人的身体。[①]”另一方面，人类与社会之间也是和谐统一的。人不仅是自然的存在物，而且也是社会的存在物，人本身也是个体和社会的统一。其次，人类从自然中走了出来，就有了一种“反自然”的激情，建立起一种人与人之间关系性的存在，社会的诞生促使人们把更多的眼光和精力放在社会之中。马克思认为，“首先应当避免重新把‘社会’当作抽象的东西同个体对立起来。个体是社会存在物。因此，他的生命表现……也是社会生活的表现和确证。”[②] 最后，人也是以一种全面的方式占有着自己的本质。无论他们是理性的还是非理性的、认识的还是实践的，都是对人的本质的某个方面的规定。因此，人要以整全的经验在对象世界中肯定自己。[③]

① 马克思恩格斯文集（第一卷）[M]. 北京：人民出版社，2009：161.

② 马克思恩格斯文集（第三卷）[M]. 北京：人民出版社，2009：302.

③ 自由实践的最高层次是艺术的实践。艺术活动是人类自由理想的典范状态。在马克思哲学中，艺术活动始终是人类自由生存的典范状态。在《手稿》中，马克思在与动物的无意识活动的比较中，得出了如下结论："动物只生产它自己或它的幼仔所直接需要的东西；动物的生产是片面的，而人的生产是全面的……动物只是按照它所属的那个种的尺度和需要来构造，而人懂得按照任何一个种的尺度来进行生产，并且懂得处处都把内在的尺度运用于对象；因此，人也按照美的规律来构造。"［马克思恩格斯文集（第三卷）[M]. 北京：人民出版社，2002：273.］在《资本论》最后的手稿中这样表述，"自由王国只是在必要性和外在目的规定要做的劳动终止的地方才开始；因而按照事物的本性来说，它存在于真正物质生产的彼岸。"无论在马克思的早期还是晚期，他都把艺术活动作为人类自由理想的典范状态。真正自由的王国只能存在于艺术活动领域，自由的王国也就是美的王国。

（二）人的自由而全面发展理论对大学生社会实践的指导作用

马克思主义关于人的自由而全面发展理论对大学生社会实践的指导作用主要表现为以下几个方面。

1. 人的自由而全面发展理论明确了大学生社会实践的目标

人的自由而全面发展理论指定大学生社会实践的目标是实现每一个个体的自由而全面的发展。这已经成为现代社会实践教育理论的根本诉求。从德国古典哲学传承下来的自由精神，到马克思的人的全面解放的论述，都展示了现代人的社会实践，尤其是作为一个国家的青年群体——大学生社会实践的自我解放的目标。一个人自由的实现，需要经过以下几个环节：第一，每个人都按照自己真实的意志去行动，这就可以产生“无差别、无规定性的自由”。但是这种自由是漫无边际的，甚至可能是一种浪漫主义的自由。第二，人们必须要把这种“无差别、无规定性的自由”提高到“有差别、有规定性”的层次上来。但是，这种简单机械地规定其内容和对象的行动，还不构成自由全体。第三，只有再由这种有区分、有规定性的自由，从个体行动的逻辑中抽离出来，发展成为具有普遍性的行动指南，才是真正意义上的自由。这就是所谓特殊性与普世理念的自由。因此，要实现这种全面的自由，教育的担当作用不容置疑——人类精神世界的完美追求和自由的全面实现都不可能离开教育。黑格尔就曾指出，“教育的绝对规定就是解放以及达到更高解放的工作。这就是说，教育是推移到伦理的无限主观的实体性的绝对交叉点，这种伦理的实体性不再是直接的、自然的，而是精神的、同时也是提高到普遍性的形态的”。①

实践教育对于自由的实现尤为关键。马克思在修正实现黑格尔的“人的自由”理论的同时，还在对人类劳动创造价值的认识基础上，特别强调在青少年教育中劳动实践环节对于培养其“自由”本性的重要性。马克思认为学生实践教育的目的主要包括三个方面：养成劳动的习惯、适应劳动对象和社会环境、掌握劳动技能。他说，首先，学生可以通过对于实践教育，将劳动的自然本性，在一系列的实践活动中迸发出来，让一般意义的青睐习惯与自我的需要结合起来；其次，在实践活动中感受来自他人的限制，并在劳动活动中适应这种限制，达到与他人在实践中区分而合作的目的；最后，通过这种训练产生客观活动的习惯和普遍有效的技能的习惯。实践教育的目的就在于养成一个人做事的基本习惯和内在需要。一个做不了“劳动”主人的人，总是做出不是他本来所想的东西，因为他对自己的实践做不了主，因而他可以说是不自由的，当然就无法获得全面的发展；只有那些称得上“熟练工”的主体，才能制造出与理念一致的器物，而且在他的主观活动中，也找不到任何违背其自由意志的任何差错，自由也就随之实现了。

2. 人的自由而全面发展理论指出大学生社会实践的基本要求

根据人的自由而全面发展理论的内涵，大学生社会实践应当做到以下几个方面：

（1）大学生社会实践应当坚持人本观。新中国的高等教育工

① 黑格尔著．法哲学原理［M］．范扬，张企泰译．北京：商务印书馆，1961：202.

作虽然在过去贫瘠的基础上取得了令人瞩目的成绩，但是在大学生社会实践中依然存在一些问题。例如，从整体上看，在高等教育的价值导向和功能定位上，总是有一种不断权力化的倾向，教育理论从国家本位出发，强调教育对于政治经济服务的工具导向，常常会导致我们忽视教育中最重要的人的因素。正是在这样的教育理念的大背景下，高等教育本身缺乏了对于个体的人的关怀，缺乏了对于大学生主体性的实践培养。在教育的目标和任务的设定中，我们常常强调理论知识的现实性，过分依赖于理论知识的灌输与说教，这样的理论知识又常常因为与实践相脱离，而导致学生在进入真正的社会实践活动中时，有着严重的现实与书本的分裂感。因此，如果这种缺乏对学生全面发展的认真思考，仅仅把作为主体的学生视为知识的承载工具的教育理念，必然形成一种今天我们看到的本末倒置的大学生社会实践活动。这些大学生社会实践中反映出的情况，不仅影响了理论教育的效果和作用，更加使其偏离了教育科学发展的轨道。所以，无论是从社会发展、人类发展的客观规律，还是从理论教育本身的内在规律来看，培养全面协调而又自由发展的人才都是大学教育的根本任务和永恒主题。

（2）社会实践应当提高大学生的综合素质。大学生应当是全面发展的，除了专业知识的掌握，还应当具备各种操作能力、生活能力。简单来说，大学生作为未来的人才应当是德才兼备的“理性人”。“理性人”设定既是现代社会发展的重要前提，同时也是带来当下中国教育“工具化”问题的病灶所在。理性人（rational man）的预设，在英国思想家亚当·斯密与霍布斯关于市场机制的论述与现代国家起源的推理中都全面呈现出来，一个具有自利性的个人能够理性地交换产品或签订社会契约。这个“理性人”总是采取最有效率的方法，让产出能够最大化。理性人模型最为直接地体现了工具性价值，而纽曼的“知识本身即为目的”的原则正是建立在这一逻辑基础上的，它是自由教育思想的立论基础。马克思人的全面发展理论指出人应当具备的多种素质，包括人的社会关系自由而全面发展、人的劳动能力自由而全面发展和人的个性的自由而全面发展。社会实践的内容就是培养大学生的综合素质，使大学生提前融入社会关系，提高智力和能力，充分发挥个性、特长。

（3）社会实践培养大学生成为社会的人。社会的人即社会中交往关系中的个体，是现实生活中的一员。人不仅是理性的动物，同时在更多的时候是一个情感的动物，并根据自己的情感好恶来行动。人的行动可以看作是一系列影响因素作用于人的推理思维的结果，这种奇妙的因果关系的组合，让一个个现实的人据此而生活。如前所述，“理性人”的根据，再一次进行了自我修正，补充了对人的自由教育还包括对人的感觉、情感和行动的教育，从而完善了关于整全人的自由教育思想。马克思在《关于费尔巴哈的提纲》一文中明确指出，“人的本质不是单个人所固有的抽象物，在其现实性上，它是一切社会关系的总和”。[①] 从这个意义上理解，人的全面发展理论，是人在社会关系中的全面发展。每个生活在现实中的主体都需要通过“交往”而存在，这些“交往主体”的沟通前提是他们已经拥有了共同的观念或者知识。正是因为有了这些交往的“共识”，并形成了人们行动的规范理

---

① 马克思恩格斯文集（第一卷）[M]. 北京：人民出版社，2009：505.

由，人们所在的现实生活的世界，才会在人们实践的基础上，形成了共同的观念或知识，并在此基础上形成了具有“共同确信”的普遍接受的行为规范。社会实践正是实现“交往理性”的必要途径，而人们可以进行“交往”实践的前提，正是他们都是现代社会中的“理性人”。

综上所述，人的自由而全面发展理论是大学生社会实践活动的理论指导，是其重要的理论基石之一。如果要实现人的全面发展，就必须首先获得人的解放、获得政治的解放，才会有最终走向人类解放的现实起点。只有获得彻底解放，才能使每个人成为真正自由的人，也就是全面发展的人。自由应该是人的全面发展的基础和前提，人的全面发展是人的自由的目的。而这些目的的实现，依靠对于现代人的“自由”本质的理解，并对如何培养这种“自由”的教育的逻辑脉络的澄清，即“理性人”与“交往人”在大学生社会实践中的辩证关系。

二、马克思主义社会实践理论及其指导作用

在马克思关于社会批判的理论中，实践从理论与精神的限制中解放出来，成为了真正连接历史与现实、社会与个人、物质与精神、思想与生命的“整体哲学”。换言之，在马克思的哲学思想中，“实践”具有了同柏拉图的“理念”、康德的“纯粹理性”和黑格尔的“绝对精神”同等重要的内核地位，但是区别在于马克思的“实践”突破了传统唯心主义的理论关照，以一种现实感的实践来召唤出现代人的历史本质与超历史的精神力量。正如马克思所言：“理论的对立本身的解决，只有通过实践方式，只有

借助人的实践力量，才是可能的。因此，这种对立的解决绝对不只是认识的任务，而是现实生活的任务，而哲学未能解决这个任务，正是因为哲学把这仅仅看作理论任务。”①

（一）马克思主义社会实践理论的内涵

马克思主义是一种不同于本体论哲学的实践哲学，从其本质上讲，它是一套全面的关于人的实践的革命理论，同时也是一种新的方法论。马克思在说明自己的“实践”哲学与传统哲学的根本区别时指出：“从前的唯物主义，包括费尔巴哈唯物主义，其主要缺点是对事物、现实、感性，只是从客体的或直观的形式去理解，而不是把它们当成是人的感性活动，当作实践去理解，不是从主体方面去理解。所以，结果竟是这样，和唯物主义相反，唯心主义却发展了能动的方面，但只是抽象地发展了。因为唯心主义当然是不知道真正现实的、感性的活动本身的。”② 因此，马克思以批判旧式哲学的抽象地、片面地从客体出发来理解对象的方法，同时又向世人提供了一种全新的解释与改造世界的思路，即从实践出发来理解对象。这是突破本体论思维而确立实践的哲学对人自身认识的一次“哥白尼”式的革命。

第一，实践哲学揭示了现代的人的“本体”属性，即社会关系的“自我创造”的存在。从传统意义上讲，哲学本体论从存在出发，去理解人们的现实活动，并用本体来决定人的实践活动。因此，这是一种从主体外部寻找“答案”的方式，从主体之外或

---

① 马克思恩格斯文集（第三卷）[M]. 北京：人民出版社，2009：306.
② 马克思恩格斯文集（第一卷）[M]. 北京：人民出版社，2009：503.

者在作为人的活动之外的自然或者超自然中来寻找主体存在的根据。这样的哲学，必然把人看作是单一的、现在的主体，而不是能动的、经验的存在。马克思反对将人的存在方式解释成这种宿命论的观点，他立足于人的活动和人的实践，充分揭示了人的活动的创造性所带来的人的特殊的存在性。根据马克思关于实践的观点，人类的实践活动是区别于其他生物存在的所独有的人类活动，同时这也是人生成和创造自我的主体性活动。马克思曾指出，“当人们开始自己生产他们所必需的生活资料的时候……他们就开始把自己和动物区别开来”,[①] 使自己“不仅仅是自然存在物，而且是人的自然存在物，是为自身而存在着的存在物，因而是类存在物”。[②] 同样地，恩格斯也提出了“劳动创造了人本身”，指出“人是唯一能够由于劳动而摆脱纯粹的动物状态的动物，他的正常状态是和他的意识相适应的而且要由他自己创造出来的”。[③] 由此可以看出，在实践的视域中，人类的活动本身不仅带有“纯粹的动物性”，而且在人与人并非自然生成的活动中，人的主体尊严由其自身的实践活动塑造起来。人们在实践活动中将作为动物的一分子从森林自由中提升出来，成为自我创造的对象世界的实践。但是作为自然存在的个体，人的实践活动使得人们从过去所面对的“人与自然”的关系转变为“人与自然、社会”的双重紧张关系。这就意味着，人作为社会存在，其本质“并不是单个人所固有的抽象物，在其现实性上，它是一切社会

---

① 马克思恩格斯文集（第一卷）[M]. 北京：人民出版社，2009：519.
② 马克思恩格斯文集（第一卷）[M]. 北京：人民出版社，2009：211.
③ 马克思恩格斯文集（第九卷）[M]. 北京：人民出版社，2009：408.

关系的总和”。[①] 因此，当一种哲学把人自身的实践活动看成是自身生成的根据的时候，人理解世界的视野就走出抽象的逻辑世界，而进入现实关系与现实存在中，也表明这种哲学找到了通往“现实的人”的道路。

第二，实践哲学完整表述人与世界的关系，并揭示了正确思想的来源。人与自然世界的关系的认识是哲学对人自身认识的一部分。传统上的本体论在考察人与自然世界的关系的时候，总是会不断陷入“二元背离”的困境之中，无论是主体与客体的关系，还是思维与存在的关系，都无法消解二元对立之间的隔阂，反而会在这些二元关系中造成无法消除的对立与分裂。本体论这一从客体方面出发理解人与自然关系的方式，力图让人尝试摆脱人在自然之中的影响，让人们追寻一条以客体为基础的人与外部世界、主体与客体、思维与存在的统一。这样对立的主体与客体的关系，只能把主体消解在客体之中，使其成为外部世界的一部分来达到二者之间的统一调和。而另外一条道路，却是将人类的情感与精神活动和外部世界构筑起隔阂的“高墙”。无论是贝克莱的“事物是感觉的复合”的狂妄，还是康德“人为自然立法”的自信，这种依靠主观的精神世界就企图将现实世界全部归于其统治之下的路径，反而使得主体消融于外部世界中，进而失去了主体能动的特性。这条路在黑格尔那里已经走到了“死胡同”，“绝对精神”成为引领人们走向神秘主义的开端，成为现实世界实现自我目的的工具。这是一种以主体的扩张而实现“思维与存在的调和”的内在方法。

---

① 马克思恩格斯文集（第一卷）［M］. 北京：人民出版社，2009：505.

在马克思的实践论哲学中，这样在思维与存在，或者在主体与客体之间的二元背反问题通过“实践”的方式将二者巧妙地联系起来。马克思主义的实践观就是从实践视野来看待过去人与自然世界的关系，它不仅没有加剧二者之间的矛盾紧张关系，也没有陷入本体论哲学关于人与自然的两极对立中去，“把人对自然界的关系从历史中排除出去”,[①] 而是把现实的生活生产“描述成某种史前的东西，而历史的东西则被说成是某种脱离日常生活的东西”的观点，这就建立了一种在人与自然之间、人与社会之间双向动态发展的、立体交叉的现实关系。在马克思看来，实践本身就是主体与客体之间相互作用的联系，“生产不仅为主体生产对象，而且也为对象生产主体”[②]。通过实践活动，主体的外部世界变成了主体化的世界，而主体的自我世界也因为外部世界的重塑而获得了新的规定性。不仅如此，马克思主义还把人处理人与自然界关系的实践看成是一个社会历史过程。马克思实践观中的主体不是思考出来、想象出来、脱离个体现实生活过程关系的抽象的人，而是在一定的既定历史条件下“从事实际活动的人”。人只有在一定的“社会联系和社会关系内，才会有他们对自然界的关系，才会有生产”。[③] 因此，从实践出发，人与自然世界的关系，不再是单纯的、分离的二元世界的关系，而是在人与自然、人与社会的不断实践中重新造就的综合关系。实践所引发的变革，不仅限于人与人之间的相互关系，而且外部世界的改变也成

---

① 马克思恩格斯文集（第一卷）[M]. 北京：人民出版社，2009：545.
② 马克思恩格斯文集（第八卷）[M]. 北京：人民出版社，2009：16.
③ 马克思恩格斯文集（第一卷）[M]. 北京：人民出版社，2009：724.

为人的活动或者自我改造的一部分。人与人的社会关系在实践中与社会环境相互渗透，相互影响，时势造英雄，而英雄也造就了时势。不言而喻，在马克思的实践观点看来，实践活动是一种人与外部世界、主体与客体、个体与群体双向作用的过程。在这种活动中，主体与客体、人与环境获得了“变化中的统一”。也就是说，实践活动不仅否定了单方面的作为主体的人或者作为客体的外部世界，否定了主体与客体的分离，否定了主体与群体间的孤立，同时又在综合的基础上，将它否定的一切又重新统一起来。因此，“整个所谓世界历史不外是人通过人的劳动而诞生的过程”。这种劳动—实践的观点把人与外部世界、主体与客体、个体与群体之间的关系看成是动态的统一的观点，也就必然把人看成是一种“实践的、感性活动的”新的存在，并且“把人作为在历史中行动的人去考察”。这就为实践哲学把握人的多重维度，不断地自我辩证发展，提供了现实可行的观察途径。

第三，实践哲学正确阐释了“事实与价值”的完整命题，并揭示了哲学的目的。现代社会正面临着生存与发展的危机，这种危机实质上是由近代以来的主体性哲学所造成的关系性危机，它表现在人与自然关系的极端对立上，同时人与人的社会关系也严重分离。应该说，这是长期以来，传统的西方本体论哲学将主体与客体的关系抽象化的表达，导致了二元视野的严重偏执。正如前文所述，一方面，物质本体论对于人的动物本性的坚持，没有注重人的主观创造性。这种观点的目的在于使人把注意力片面地集中在主体的物质层面而忽略了人的精神层面，结果导致社会单向度地追逐利益的发展模式，这种类似于霍布斯“丛林模式”彻底把人抛入生物学意义上的竞争和选择的生存状态，必将引起人与人关系的紧张，甚至是一种认为设定的“战争状态”。另一方面，马克思主义哲学又以其独特的视野，揭示了人的实然与应然的矛盾及其运动。马克思认为，人类不应该沉溺于某种片面的、抽象的生存状态，而应该追求一种全面而自由的人生境界。“人和自然，人和人之间矛盾的真正解决，是存在与本质，对象化与自我确证，自由与必然，个体与类之间斗争的真正解决”。[①] 显然，关于人的这一系列的二元悖论的解决方案并非出自对黑格尔的哲学思辨的模仿，而是“消灭现存状况的现实的运动”。马克思反对“以往的哲学家只是用不同的方式解释世界”，把人的生存悖论的解决仅仅视为是一种理论上的两难；在马克思看来，真正的“问题在于改变世界”[②]、“在于使现存世界革命化，实际地反对和改变事物的现状”。[③] 但是这种改变世界的活动却不是随心所欲的，而是由现实的人在一定历史条件下所进行的现实的活动。从这个意义上讲，马克思主义哲学本质上是要解决人与世界应当如何的价值难题。但这并不意味着实践论哲学只是在一味追求人的应然状态。事实上，在实然与应然的分离问题上，实践哲学是通过对人的应然追问与对人的实然的寻思而希望达到内在的统一。人的经验的活动是实然的天然基础，人们通过自己对于经验事实的加工才不断地走向应然的目的王国。所以，实践论哲学在考察人时并不忽略对人作为实然现象的研究，马克思只是反对本体论哲学在人的物质与精神二元对立的前提下，单方面从物质

① 马克思恩格斯文集（第一卷）［M］. 北京：人民出版社，2009：185.
② 马克思恩格斯文集（第一卷）［M］. 北京：人民出版社，2009：502.
③ 马克思恩格斯文集（第一卷）［M］. 北京：人民出版社，2009：527.

层面或者精神层面出发，抽象地追问人的实然的存在；正确的方式是抛弃两者的对立，回到两者的统一，并立足于人的物质生活条件及其活动探讨人的实然存在。马克思也指出："个人怎样表现自己的生活他们自己也就怎样。因此，他们是什么样的，这同他们的生产是一致的……既和他们生产什么一致，又和他们怎样生产一致。因而，个人是怎么样的，这取决于他们进行生产的物质条件"。① 恩格斯也曾指出："自由是根据对自然界的必然的认识来支配我们自己和外部的自然界；因此，它必然是历史发展的产物，最初从动物界分离出来的人，在一切本质方面和动物本身一样是不自由。"② 现实中的个体都是在一定的社会联系和社会关系中存在的，他们总是在不以其意志为转移的物质限制条件下，从事活动和进行生产的。在这个意义上，我们可以说，人是实然的被动的存在。但是，人同时又是一种应然能动的存在。人能够依靠自我的力量，发挥难以想象的主观能动性，借此改变外部世界的基本状况，并在改造世界的实践中，认识自然与社会的必然；而后，通过对于自己先前无法摆脱的外部世界的必然的掌握，使自己逐渐地摆脱这些必然的束缚，让自己成为真正的自由人。这是一个历史的过程，社会实践中的每一步都是人类不断迈向自由的进程，就是人类不断地从必然王国向自由王国迈进的历史。人类消除作为自然存在的悖论，达到"自然主义与人道主义"相统一的自由而全面发展的境界是在整个人类社会的不断发展中逐步实现的。这样可以说，马克思就借助"实践"这个桥梁

① 马克思恩格斯文集（第一卷）[M]. 北京：人民出版社，2009：519.
② 马克思恩格斯文集（第九卷）[M]. 北京：人民出版社，2009：120.

找到了人的实然与应然相统一的基础，并且提出了从实然状态走向应然状态的途径，从而打破了传统本体论认识论的魔咒，人的自然性与超然性、现实性与理想性的分裂造成了人的个体性的偏执与现代社会畸形发展的状况，同时为一种理想的自由生活提供了可行的途径。

综上所述，“实践”的哲学任务就是要在人类自身的活动中找到一种自我立足的依据，并且将这种理解自身的依据作为重构人的主体性与外部世界否定性统一的方法。这是一种与传统本体论追求二元紧张式的一元化、单向性思维的“扬弃”。它本身就具有矛盾的、批判的性质。立足实践这一视角重新审视人，就会使人发生重大的转向：从抽象走向具体、从分裂走向完整、从实然走向应然。正因如此，我们可以说，马克思主义社会实践理论的确立，标志着哲学理解人的方式，或者说人改造哲学的路径，同时双向发生根本性的变化。

（二）马克思主义社会实践理论对大学生社会实践的指导

当今的大学生社会实践可以看作是一种以学生为主体，高校为单元，社会为平台的形式广泛的教学形式。大学生的社会实践课程已经成为我国高等教育不可分割的组成部分。思考和分析大学生社会实践活动的理论依据和现实依据，尤其是与社会实践理论的紧密关联，有助于探析我国大学生社会实践现实内涵，全面、科学、客观地评价大学生社会实践，提高社会实践在大学教育中的影响力。社会实践理论对大学生社会实践的指导作用体现在以下几个方面。

1. 明确大学生社会实践的目的

大学生社会实践是高等教育理论之源。关于理论与实践的关系，可以说人类早期并不是以一种所谓“客观”理论的态度来面对世界，而是以实践的行动来面对世界。实践的态度是一种价值和意义的态度。换言之，人类最初的实践活动已经表明了人类对于世界最为“原初”的态度；从而，人们在实践中产生了对待世界的意义和价值的期待。如果说实践的态度是这样，那么实践哲学则是关于整体的意义和价值的哲学。因此，大学生社会实践的目的就是在赋予自身一种与这个世界融合统一的意义与价值。

2. 明确大学生社会实践的价值

马克思认为，社会生活在本质上是实践的。如果将一种理论引向了某种神秘主义的趋向，那么这个理论就必须在人的实践中并在实践中得到理解和解决。“是什么”的问题是描述世界的方式，它需要逻辑的指引；而“应当是什么”的问题却是规范性世界的阐释，它需要规范性道德的指导。前者是关于“事实”的真理的叙事；后者却是关于“价值”的规范的指示，目的是追求“自由”，是实践主体价值外化的过程。因此，关于实践性规范必然包含着“教育（应该）是什么”和“教育（应该）怎么做”两方面的认识。实践规律，就是人们在实践活动中反映的并对实践活动具有现实指导作用的规律。在本质上它是人们正确的认识成果，是理论规律。因而，社会实践规律其实就是一种教育实践理论，它具有不以教育实践工作者的意志为转移的客观性。所谓的实践规范，是对实践主体现实的实践活动产生影响、制约、规范效应的风俗习惯、道德观念、纪律、艺术、宗教、哲学等意识形态的观念及其表现形式。对实践活动起支配作用的不仅是客观的实践规律或实践理论，而且是实践者内化的一种可以确信的实践规范。就规范本身而言，它是人为设定的，即人们的观念的预设。所以，教育实践主体要对教育实践活动中出现的一系列不可控制的偶然因素进行规范，就离不开社会实践理论的规范指导。

3. 明确人与环境的关系

从马克思主义社会实践观中，可以看出人与动物的最大区别就是人的高度能动性和自觉性。恩格斯指出："我们不要过分陶醉于我们人类对自然界的胜利。对于每一次这样的胜利，自然界都对我们进行报复。每一次胜利，起初确实取得了我们预想的结果，但是往往和再往后却发生完全不同的、出乎预料的影响，常常把最初的结果又消除了。"① 人与环境的关系就在于，一方面，人改造自然环境以营造适合自己生存与发展的空间，大学生在社会实践中就是要认识世界和改造世界，通过服务社会的方式去解决现实中的问题；另一方面，环境也创造着人，环境同时也是社会实践活动的重要载体。大学生社会实践必须依赖于现实的客观条件，同时依赖于环境提供的材料和工具，环境中的各种要素通过不同的方式创造人。大学生通过参与各类社会实践也是受到环境的改变，在实践中锻炼身体，改善与社会相处的方式，学习技能、巩固知识，等等。

三、马克思主义社会实践成才理论及其指导作用

社会实践理论已经揭示了人类实践的目的所在，只有实践才能创新，才能获得理论的源泉。大学生的全面发展是成才的基

---

① 马克思恩格斯选集（第4卷）[M]. 北京：人民出版社，1995：383.

石，大学生的全面发展离不开社会实践。归根结底地讲，大学生成才要依靠社会实践，大学生社会实践成才理论即是针对大学生群体的成才理论与实践。

（一）马克思主义社会实践成才理论的内涵

人才的成长与发展都必然经历一个由潜人才向显人才、由低层次人才向高层次人才转化的过程。大学生是社会的潜人才，通过大学阶段的培养塑造良好的综合素质，即将成为社会的有用之才。而大学生社会实践是培养大学生良好综合素质的重要途径和重要方法，实践与理论并重才能促进大学生的全面发展。

1. 教育与生产实践相结合是培养人才的必然要求

教育与生产劳动相结合是马克思主义教育思想的一条重要原理。马克思、恩格斯关于“教劳结合”的思想是从分析现代生产、现代科技、现代生产劳动和现代教育的本质中得出的。《共产党宣言》指出，要“把教育同物质生产结合起来”。列宁对这一理论阐述道，“没有青年一代的教育和生产劳动的结合，未来的社会是不能想象的，因为无论是脱离生产劳动的教学和教育，或是脱离教学和教育的生产劳动，都不能达到现代技术水平和科学知识现状所要求的高度”。教育与生产实践相结合是培养人才的必然要求，在实践中可以检验教育的成果。生产实践能够使教育的理论得到应用，也能筛选理论的不足之处从而促进理论的研究，不断推动教育质量的提高。从另一个角度来看，教育也能促进生产实践的发展。具有朝气的青年人进入生产实践中，会有不同的创新思维之萌发和创新实践之运用，教育与生产实践的结合会产生新的知识力量，优化生产实践主体结构。

中国教育与生产实践相结合的理论在中国新民主主义革命阶段已经开始推行，毛泽东在延安青年群众举行的五四运动二十周年纪念会上的讲演中指出，“中国的知识青年们和学生青年们，一定要到工农群众中去，把占全国人口百分之九十的工农大众，动员起来，组织起来。革命的或不革命的或反革命的知识分子的最后的分界，看其是否愿意并且实行和工农民众相结合”。[①] 毛泽东同志历来重视教育与生产实践相结合的理论，当然在新中国的历史中也产生了教育与生产实践相结合的极端反映。

1978 年 4 月，邓小平在全国教育工作上的讲话中指出：“为了培养社会主义建设需要的合格人才，我们必须认真研究在新的条件下，如何更好地贯彻教育与生产劳动相结合的方针。”[②] 十一届三中全会以后，教育也得到拨乱反正，教育与生产劳动相结合的理论重新走上了正确的历史轨道。邓小平强调教育与生产劳动相结合一定要注重国民经济发展的大条件，注重教育的本质是培养人才。1998 年，江泽民同志在庆祝北京大学建校 100 周年大会上给大学生提出希望“坚持学习书本知识与投身社会实践的统一。要健康成长，不仅要学习书本知识，而且要向社会实践学习，自觉投身火热的改革开放和现代化建设实践……把学得的知识用于实践，在实践中继续学习提高”。[③]

---

① 青年运动的方向．毛泽东在延安青年群众举行的五四运动二十周年纪念会上的讲演．1939. 5. 4.

② 邓小平文选（第 2 卷）［M］．北京：人民出版社，1994：107.

③ 毛泽东、邓小平、江泽民论青少年和青少年工作［M］．北京：中央文献出版社、中国青年出版社，2000：230.

2. 社会实践是大学生成才的一门必修课程

改革开放以来，党和国家也高度重视大学生社会实践，将社会实践作为培养学生成才的重要途径。同时在思想政治教育中坚持教育与生产劳动相结合的原则有利于大学生的健康成长。江泽民同志指出，“一是学校要结合自己的实际情况把这件事列入教学计划，统筹安排。二是各级教育部门要进行具体指导和督促检查。三是各级党委和政府要加强领导。四是有关方面要积极支持和配合，为学生参加生产劳动提供必要条件”。①

《在同中国农业大学师生代表谈话时的讲话》中，胡锦涛同志明确指出，“对青年学生来说，基层一线是了解国情、增长本领的最好课堂，是磨炼意志、汲取力量的火热熔炉，是施展才华、开拓创业的广阔天地。只有深入到基层中去，深入到群众中去，才能加深对社会的认识，增进同人民群众的感情，提高解决实际问题的能力”。② 习近平同志在中央党校建校 80 周年庆祝大会上指出，“我们的学习应该是全面的、系统的、富有探索精神的。既要向书本学习，也要向实践学习；既要向人民群众学习，向专家学者学习，也要向国外有益经验学习。有理论知识的学习，也有实践知识的学习”。③

社会实践成为大学生的必修课，一方面体现出社会实践在培养大学生成长、成才过程中的重要作用；另一方面有助于规范大

---

① 江泽民文选（第一卷）[M]. 北京：人民出版社，2006：372 -373.

② 让五四精神放射出更加夺目的时代光芒——胡锦涛总书记同中国农业大学师生共迎五四青年节 [N]. 人民日报，2009 -05 -03.

③ 习近平：国家要上进必须大兴学习之风 [N]. 人民日报，2013 -03 -02.

学生社会实践，使之纳入大学生教育教学体系，有效指导大学生参与社会实践。

3. 实践能力是评判大学生教育成效的重要指标

实践能力是大学生的综合能力之一，是掌握实际工作技能的能力，这种掌握实际工作技能的能力是多种多样的，既包括生活能力、人际交往能力，也包括具体的工作技能和在实践中反思工作方法的能力。当前，一些大学生理论知识强，但实践能力弱，无法适应社会生活、工作要求。这样的大学生不完全具备人才的素质，在工作中难以取得成功。

实践造就人才，这是毛泽东在革命时期人才思想上的重要观点之一。他有这样一些重要论述："从土地斗争、经济斗争、革命战争中锻炼出来的群众，涌出来了无数的干部。"① 毛泽东认为，没有机会进学校的人，仍然可以学习战争，就是从战争中学习。他还强调指出："马克思、恩格斯、列宁、斯大林之所以能够作出他们的理论，除了他们的天才条件之外，主要的是他们亲自参加了当时的阶级斗争和科学实验的实践，没有这后一个条件，任何天才也是不能成功的。"② 所以，毛泽东反复告诫人们，一定要深入实际，深入群众，在实践中增长才干。在革命时期，实践能力是造就人才的重要指标，因为有中国革命的实践才会有中国革命的成功。同样，实践能力是培养大学生教育成效的重要指标，大学生成为显人才必须应当具备良好的综合素质。良好的综合素质应当包括理论素质和实践能力两大类，二者缺一不可，

---

① 毛泽东选集（第一卷）［M］. 北京：人民出版社，1991：125.

② 毛泽东选集（第一卷）［M］. 北京：人民出版社，1991：287.

相辅相成。

中国共产党第二代领导集体曾论述道，“应该使更多的同志理解‘革命实践是最伟大的学校’这个道理，特别是年轻的同志要勇于到实践里面去。只要肯于虚心地体察情况，勤于思考和钻研，就能够在实践中学到很多东西。单有书本上的知识是不行的。理性认识没有感性认识做基础，就不会牢固”。①

2010 年 7 月 13 日，胡锦涛在全国教育工作会议上的讲话中讲道：“教育的根本目的是培养德智体美全面发展的社会主义建设者和接班人，必须全面贯彻党的教育方针，把促进学生健康成长作为学校一切工作的出发点和落脚点。要促进学生全面发展，优化知识结构，丰富社会实践，加强劳动教育，着力提高学习能力、实践能力、创新能力，提高综合素质，加快改变学生创新能力培养不足状况。”在讲话中，胡锦涛将大学生应当培养的能力有效地归纳为三个方面，即学习能力、实践能力和创新能力，这三个能力是高校培养大学生教育效果的重要指标，缺一不可。

在 2013 年五四青年节座谈会上，习近平总书记特别强调，广大青年要坚持面向现代化、面向世界、面向未来，增强知识更新的紧迫感，如饥似渴学习，既扎实打牢基础知识又及时更新知识，既要刻苦钻研理论又要积极掌握技能，不断提高与时代发展和事业要求相适应的素质和能力。要坚持学以致用，深入基层、深入群众，在改革开放和社会主义现代化建设的大熔炉中，在社会的大学校里，掌握真才实学，增益其所不能，努力成为可堪大

---

① 北京青年政治学院共青团北京市委员会编．邓小平等中央领导论改革开放时期的青年和青年教育［M］．北京：中国经济出版社，1989：118.

用、能担重任的栋梁之才。同时，习近平同志还多次给华中农业大学、保定学院等高校志愿者回信，肯定他们坚持开展志愿服务活动，坚持与祖国同行、为人民奉献的正确成长方向，指出当代青年要“到基层和人民中去建功立业，让青春之花绽放在祖国最需要的地方，在实现中国梦的伟大实践中书写别样精彩的人生”。从讲话中可以看出，大学生成才的两大要素包括理论知识和实践能力，只有实践才能在现代化建设的熔炉中历练成栋梁之才。参加社会实践是大学生成才的必要条件，当代大学生必须把自己融入社会实践才能完成其历史使命。

（二）大学生社会实践成才理论对大学生社会实践的指导

大学生社会实践成才理论是大学生社会实践的重要理论指导，大学生在从潜人才向显人才的转变过程中社会实践是不可或缺的途径和渠道。大学生社会实践成才理论对大学生社会实践的指导包括：

1. 规划大学生社会实践的方向

大学生社会实践的方向是促进大学生的全面发展，配合理论知识学习，在实践中理论联系实际，培养实践能力和创新能力。换一种方式讲，促进大学生的全面发展，就是培养大学生成才，使之成为社会主义现代化建设的建设者和接班人。当今社会经济结构逐步由劳动力密集型、资金密集型向知识密集型转变。这种转变使得社会向劳动者提出了高度的和广泛的智能要求。因为知识密集型经济的特点是以软技术、智能技术为其主要内容。在这样的背景下，只有当劳动者的科学知识水平和能力素质达到了相当高的程度，才能适应现代化大生产的需要。现代化和全球化对人才质量的要求更高，而大学生无疑是未来人才之主源，大学生的教育成果将成为影响国家人才培养质量的重要因素。

大学生社会实践成才理论规划大学生社会实践的方向，具体而言，就是规定大学生社会实践的目标是巩固大学生的学习能力、培养大学生的实践能力和创新能力。第一，大学生的学习能力主要是在学校通过理论学习获得的学习方法和技巧。学习能力关键的内容在于学会学习，而非简单地死记硬背应付考试。一种灵活的学习技巧，是通过大学生对理论的思考和在实践中对理论的反思而不断形成的一种提高学习兴趣、发展自我求知并能够应对现实问题的能力。可见学习能力的获得也离不开实践的环境，离不开实践的具体行动。第二，大学生的实践能力，是掌握实际工作技能的能力。大学生的实践能力必须在实践中才能得到锻炼和提高。纯粹的脱离实践的理论只能是不切实际的纸上谈兵，任何理论都应当从现实的感性世界升华之后，再回到现实中与实践结合。实践能力只能在实践中获得，“你要知道梨子的味道，你就要亲口尝一尝”。第三，大学生的创新能力，离不开对知识的实践。创新能力的核心是创造力，是在一定的目的和条件下，运用已积累的知识和经验，独创性地提出新思想，产生新概念，解决新问题和创造新事物的能力。创新能力是人才素质最为本质的要素，是人才的核心竞争力所在。培养大学生的创新能力，离不开理论的学习、知识的积累，更离不开实践，只有在不断的实践过程中，才能获得集成式的创新和创造式的创新。

2. 规划大学生社会实践的内容

大学生社会实践成才理论首先规划了大学生社会实践的方

向，就是要大学生成才。而什么是人才，人才应当具备哪些良好的素质？这决定着大学生社会实践的具体内容必须围绕培养大学生的良好素质这个中心点。人才素质，是指在先天素质的基础上经过教育、实践锻炼和自我修养所形成的优秀品质。人才的素质由德、识、才、学、体五个要素构成，包括生理素质系统和心理素质系统，心理素质系统涵盖智能素质系统和非智能素质系统。

第一，德，即人才的思想，它由三部分构成，即政治品德、伦理道德、个性心理品质。这几个方面的思想，大学生一方面从理论教育中获得，另一方面就需要在实践中不断巩固自身的道德修养而获得。大学生在成才过程中普遍存在意志坚持的问题。成才活动及成才后的发展如同长途赛跑，中途退下来就会被取消资格，快到终点时意志动摇就会被别人超越，不咬紧牙关坚持到底就会前功尽弃。如果没有在实践中的坚持和历练，“德”可能只是一种形式化的表现，而没有真正内化为大学生的修养。第二，识，即见识，是指人对客观事物本质属性及其发展趋势的判断能力和预见能力。包括对客观世界的见识和对主观世界的见识。锻炼大学生见识的基本方法就包括向先进的科学理论要“识”，向历史求“识”，向有识之师学“识”，在实践活动炼“识”。大学生通过社会实践增长见识，认识过去、现在和未来的三维空间。第三，才，是指人们在已有知识的基础上，通过实践锻炼而形成的能力。“才”涵盖两个系统，智力系统包括记忆力、观察力、想象力、思维力和创造力等。技能系统包括书写技能、绘画技能、演讲技能、表演技能、驾驶技能等。无论是智力系统还是技能系统的培养都离不开实践，大学生要提高自己的能力，就必须在社会实践中增强自己的智力能力和技能能力。第四，学，即知识，是指人们在改造世界的实践中所获得的认识和经验的总和，包括理论知识和经验知识。知识是大学生成长和发展的基础，无论是道德修养的增强、见识的提高，还是才能的形成，都离不开知识作为基础。知识固然不等于能力，但知识却是能力形成的基础。理论知识可以从书本中获得，经验的知识却必须从社会实践中获得。大学生要建立合理的知识结构体系就应当理论和实践两不误，既学习人类已有的理论成果，也要在实践中不断增加新的经验知识和感性认识。第五，体，即人的生理素质。大学生要从潜人才转变为显人才，良好的生理素质是一个重要条件，没有“体”作为保障，人才的素质便难以得到发挥。提高生理素质的一种重要方法就是锻炼，要在实践中增强体质，形成良好的生物钟，从而为学习知识、提高能力打下坚实基础。

第三章

改革开放以来大学生社会实践的历史回顾及其经验启示

党和国家历来重视我国高等教育工作，对大学生社会实践在不同的历史阶段制定了不同的政策和制度。本章主要回顾改革开放以来大学生社会实践的历史背景、政策演变和成绩，并总结改革开放以来大学生社会实践的经验启示。

一、改革开放以来大学生社会实践的背景和政策演变

改革开放以来，我国进入了新的历史发展时期，在中国特色社会主义建设和社会转型的背景下，大学生社会实践得以充分发展，体现了时代的特色。对于改革开放以来大学生社会实践政策演变各阶段的划分，本章主要以张耀灿教授主编的《中国共产党思想政治教育史论》对改革开放后思想政治教育历史阶段的划分和黄蓉生教授《改革开放 30 年大学生思想政治教育论》对改革

开放以来大学生思想政治教育的阶段划分为依据，并结合我国社会转型的背景，以党和国家对大学生思想政治教育和社会实践做出的重要决定为划分标准。

（一）以拨乱反正与改革发展为主题的大学生社会实践恢复（1977—1991 年）

“文化大革命”结束后，国家恢复了高考制度，尤其是在党的十一届三中全会后，改革开放成为中国社会主义新纪元，高等教育开始重新走上正轨。大学生社会实践如同雨后春笋般在全国各地开展，并逐渐成为高校教育事业的一项重要内容。但是，在关于高等教育中的“理论”与“实践”的关系问题，大学生社会实践的主要内容以及实践形式上，不同历史背景有着不同的政策演变。

1. 大学生社会实践恢复期的历史背景

在大学生社会实践恢复阶段，当时的社会背景主要表现在以下几个方面：

（1）国家进入改革开放新时期。1978 年十一届三中全会总结了历史经验，结束了自“文化大革命”之后坚持无产阶级专政条件下继续革命的错误路线，做出了把工作重心转移到经济建设上来的决策。可以说，我国以十一届三中全会为重新起航点，逐步明确了“改革开放”的基本国策，通过改革开放与市场经济手段建设一个富强的现代国家。这一重大转折，使统一的社会主义国家这一有利的政治条件转化成实际的经济成果。但是我国 30 多年的改革之路，也是从“理论”与“实践”问题的激烈交锋中走出来的。在高等教育领域，尤其是突破思想禁区，提出“实践是检验真理的唯一标准”的原则显得尤为重要。

正是由于改革开放的启动，破除“文化大革命”的遗毒，使得我国经济、文化开始发生翻天覆地的变化。这一高层政策也对我国教育发展产生了巨大的影响，使高等教育逐渐走上了正常发展的轨道。

（2）高等教育重新走上正确发展道路。1977—1978 年在邓小平同志的引导下，以恢复高考为契机，教育领域拉开了拨乱反正的序幕，引领了我国社会改革开放的历史征程。随着改革开放的历史序幕拉开，30 多年来，我国高等教育在体系建设、制度构建、办学层次、培养模式的改革探索和对我国政治、经济的贡献等许多方面均取得了历史性成就，积累了丰富的历史经验。我国高等教育体系由弱到强，由封闭走向开放，从精英教育转向大众教育，实现了跨越式的发展。

1977 年，邓小平同志在刚刚恢复工作之初，就以政治家的敏锐眼光洞察了现代教育之于一个建设现代化的后发发展国家的核心地位。他说：“我知道科学、教育是难搞的，但是我自告奋勇来抓。不抓科学、教育，四个现代化就没有希望，就成为一句空话。”①

同时，在这一时期，邓小平同志延续了以毛泽东同志为代表的中国共产党人始终坚持的教育与生产劳动相结合的实践教育模式，对大学生社会实践各个方面的效能都给予了高度重视和充分阐释。首先，教劳结合是培养社会主义建设所需要合格人才的根本途径。1978 年 4 月 22 日，邓小平同志在全国教育工作会议上

---

① 邓小平文选（第 2 卷）［M］. 北京：人民出版社，1983：65.

的讲话中就指出："为了培养社会主义建设需要的合格人才，我们必须认真研究在新的条件下，如何更好地贯彻教育与生产劳动相结合的方针。马克思、恩格斯、列宁和毛泽东同志都非常重视教育与生产劳动的结合，认为在资本主义社会里这是改造社会的最强有力的手段之一；在无产阶级取得政权之后，这是培养理论与实际结合、学用一致、全面发展的新人的根本途径，是逐步消灭脑力劳动和体力劳动差别的重要措施。"① 其次，教劳结合必然要求教育同国民经济的发展相适宜。为了使教育发展的比例合理，邓小平同志认为："我们制定教育规划应该与国家的劳动计划结合起来，切实考虑劳动就业发展的需要。"再次，我们要处理好教育内容与经济发展之间的关系。教育同国民经济发展的要求相适应，关键是与其为经济建设培育出的人才方向相适宜。最后，要从经济发展和教育的实际出发，实现教育与生产劳动的结合。这并不是教育和体力劳动的简单相加，而是要根据不同地区经济发展的状况，以及各级各类教育的不同特点实施教育同生产劳动的结合，对教劳结合的内容、形式、方法、要求等要做具体分析。这才是真正意义上的教育与生产劳动的相结合。

自此，高等教育发展逐渐走上正轨。从数据来看，到 1979 年，高等学校学生达到 85.6 万，增加 18.2 万。恢复高考制度的效果可见一斑。另外，这一时期的教育政策扭转了"文化大革命"期间学校教育教学管理上的无序状态，国家出台了一系列维持教育秩序必要的制度安排，通过制订教学规划，提高教师队伍质量，恢复了正常的教育秩序，提高了教育质量，为学校教育全

---

① 邓小平同志论教育［M］. 北京：人民教育出版社，1990：62－63.

面走向正规提供了保障。

（3）邓小平同志提出“三个面向”的教育思想。1983 年 10 月 1 日，邓小平同志为景山中学题词“教育要面向现代化、面向世界、面向未来”（“三个面向”）。这个题词是进入改革开放时期对我国教育方针的时代特征和时代要求的高度概括。“作为战略方针，其科学、严密、完整、高度概括地揭示了教育发展、人的发展与社会发展三者之间的辩证关系。”① 在这一教育方针的指导下，高等教育必然要思考如何为培养人才服务，做到人才具有国际竞争的实力，具有现代化竞争的实力。

“文化大革命”期间我国高等教育缺失，国家只重视学生上山下乡的生产劳动，而“文化大革命”结束恢复高考后高等教育又在一定程度上表现出对理论教育如饥似渴般地推崇而缺乏必要的劳动教育的情况，到底怎样对待教育问题成为时代之问。邓小平同志“三个面向”的教育思想诚然包含了对这一时代之问的回答和诠释，在其背后隐藏着对于高等教育如何对待生产劳动即社会实践这一问题的回答。1978 年，邓小平同志指出：“各级各类学校对学生参加什么样的劳动，怎样下厂下乡、花多少时间，怎样同教学密切结合都要有恰当的安排。”② 各地高校都在积极研究和部署学生参加生产劳动，掀起学生参与社会实践活动的新篇章。例如，1982 年 2 月，受原国家农委的委

---

① 胡树祥，吴满意. 大学生社会实践教育理论与方法［M］. 北京：人民出版社，2010：86.

② 教育部、中央文献研究室编. 毛泽东、邓小平、江泽民论教育［M］. 北京：中央文献出版社，2002：143.

托，北京大学等学校155名农村大学生利用寒假期间，就农村实行家庭联产承包责任制以来的各方面情况进行了实地的“百村调查”，并写出调查报告157篇。次年10月，团中央与全国学联发出《纪念“一二·九运动”48周年开展“社会实践活动周”的通知》，又一次充分阐述了开展社会实践活动的意义，这是对新时期如何组织好大学生社会实践活动提出的具体指导意见。1984年5月，团中央在辽宁省召开了高等学校社会实践现场观摩会。这次会议进一步倡导和推广了社会实践活动。当时任团中央书记处书记的胡锦涛同志正式提出了“受教育、长才干、作贡献”的口号，这个原则被确立为大学生社会实践活动的指导方针。

2. 大学生社会实践的主要政策及效果

在这一历史时期，党和国家高度重视大学生社会实践存在的问题，一些有代表性的政策文件针对大学生社会实践进行了具体指导。

（1）中共中央宣传部、教育部联合发布《关于高等学校学生能够参加生产劳动的若干规定》。针对一些高校在“文化大革命”结束后，由于人事和教学计划及组织安排的原因不安排学生参加劳动或劳动时间过少而导致部分学生劳动观念差，与工农结合、向实际学习的思想比较薄弱的情况，1984年9月8日，中共中央宣传部与教育部联合发布了《关于高等学校学生能够参加生产劳动的若干规定》。其基本内容包括：第一，明确生产劳动在高等教育过程中的重要地位。该规定指出：“组织学生参加一定时间的生产劳动，是实现社会主义大学培养目标不可缺少的重要环节，也是对学生进行思想政治教育的重要途径。”生产劳动应列入教学计划，高等学校学生平均每学年参加为时两周的生产劳动。第二，阐述大学生参加生产劳动的内容。这一规定明确将学生参加的生产劳动的内容定为校内外的工业劳动、农业劳动和公益劳动，并对公益劳动进行了特别强调，明确公益劳动时间总计不少于两周。第三，指出大学生参加生产劳动的形式。该规定对学生参加生产劳动的多种渠道和形式进行了指导，提出工科和农科的大部分专业、文科专业，应加强同工厂、公社、商店的联系，把教学、科研与社会应用结合起来，结合社会实践参加生产劳动；理科专业学生，应结合教学改革，同有些企业、专业户建立参加实践和劳动的网点，逐步建立固定的社会实践和生产基地，组织学生参加与所学专业对口的生产劳动。

该规定明确了大学生参加生产劳动的重要性、内容、渠道、形式、考核以及经费保障等问题，为大学生参加生产劳动实践指明了方向。有了政策的保障，大学生社会实践开始走上正常轨道，其地位得到正确理解。同时，该规定的出台有利于纠正两种极端的做法。首先，纠正了高等院校在“文化大革命”期间忽视理论教学，片面强调劳动的弊病。实践教育的重要性不能取代理论教育，实践教育与理论教育同为教育的重要内容，不是只有其一。二者应当呼应搭配、相辅相成，以实践促进理论教育，以理论教育引导实践。其次，对高等学校不安排学生参加生产劳动，忽视大学生参加生产劳动重要性的极端进行了纠正。在这一规定的指导之下，全国高等院校大学生参与生产劳动实践蓬勃开展，为大学生社会实践的多元化发展奠定了基础。实践不是万能的，但没有实践的教育是万万不能的，实践是教育的重要手段，也是教育的重要内容。该规定具有划时代的历史意义，主要是对于

“文化大革命”前后对待大学生参与生产劳动的两种错误极端做法进行专门的纠正，但也在一定程度上受到了历史条件的制约，对于大学生参与社会实践的认识还暂时停留在生产劳动这一内容上，还没有拓展实践的方式、内容，使社会实践还显得不丰富、不立体。实际上，在这一时期，全国高等院校大学生社会实践已经突破了生产劳动的局限，开展了一系列社会实践活动。

（2）国家教育委员会、共青团中央发布《广泛组织高等学校学生参加社会实践活动的意见》。1987 年 6 月 27 日，国家教育委员会、共青团中央发布了《广泛组织高等学校学生参加社会实践活动的意见》。这一意见主要针对恢复高考制度几年后，绝大多数学生直接从高中升入大学，对社会缺乏了解，缺乏实践知识和劳动锻炼这一普遍情况。这一意见在 1984 年《关于高等学校学生能够参加生产劳动的若干规定》的基础上进一步规范和明确了大学生社会实践活动的地位、内容及保障措施等。其基本内容包括：第一，明确大学生社会实践的地位。意见指出，高等学校学生参加社会实践活动，是青年知识分子健康成长的重要途径。今后高等学校除了要认真搞好已列入教学计划的生产实习和社会实践，还要把在假期和课外组织学生参加社会实践活动作为高等教育的一个重要组成部分。第二，总结大学生社会实践的目的和内容。组织高等学校学生参加社会实践活动的目的，是让学生接触社会、了解世界，向工农学习，向实践学习。其根本要义是培养人才，让大学生在实践中树立实事求是、艰苦奋斗、脚踏实地的精神，让大学生在实践中提高实际工作的能力。对于大学生社会实践活动的内容，意见总结了参观访问、咨询服务、智力扶贫、科技服务、公益劳动及勤工助学等。第三，规范大学生社会实践活动的组织程序。意见指出，要有领导地组织高等学校学生参加实践活动，并具体规定了高等学校本科学生在校期间参加社会实践活动的次数和时间，以及需要提交的实践材料；并将大学生在社会实践活动中取得的成绩作为学生评奖、评优的一项依据。第四，提出大学生社会实践基地建设的各种构想。意见指出，高等学校开展社会实践基地建设是一项双赢的工作，学校教师应为实践基地提供一定的科技服务，以发展生产、提高经济效益。对学生提供的劳动和智力服务，受益单位可适当给予学校一定的报酬，或为学生在活动期间的食宿提供优惠。地方政府和有关单位应当为高等学校建立和建设社会实践基地创造条件、提供方便。第五，强调大学生社会实践活动的保障措施。意见要求学校党政领导要把组织大学生参加社会实践活动作为培养学生的一项重要工作，切实加强领导。学校的各部门应当统筹安排大学生社会实践活动，从经费、人员配备和实践指导等方面保障大学生社会实践活动的开展。

这一意见对大学生社会实践活动的开展进行了较为全面的规定，一些原则性要求至今仍然起到积极的指导作用。国家教育委员会与共青团中央联合出台有关高等学校大学生社会实践活动的指导意见，表明了国家对于大学生社会实践活动的高度重视，有效地总结了前一阶段大学生社会实践活动的经验，并积极规范和指导今后大学生社会实践活动的开展。这一意见的历史局限性在于更多地从活动的角度阐释大学生社会实践，但是当时尚未提出大学生社会实践的概念。

（二）社会主义市场经济建立过程中大学生社会实践的新探索（1992—2003年）

大学生社会实践的新探索得益于社会主义市场经济的建立和发展，我国改革开放的进一步推进，促进了教育的不断发展和改革。这一历史时期，中国特色社会主义理论体系逐渐形成、完善，指导经济建设和文化建设。大学生社会实践作为高等教育的一项重要内容也随之不断发展。

1. 大学生社会实践新探索的历史背景

社会主义市场经济的建立是我国改革开放的旗标，解决了我国经济发展的重大问题，同时也对我国政治、文化、教育等各个方面产生了深远的影响。

（1）改革开放进入攻坚时期。1992年年初，邓小平同志视察南方并发表了重要谈话，“南巡”成为当代中国思想解放新的里程碑。邓小平同志在“南方谈话”中，精辟分析了国内外形势，科学总结了自十一届三中全会以来社会主义现代化建设的基本经验，并回答了近年来经常困扰人们思想的许多重大理论问题，为我国经济体制改革再次确定了市场经济主导的发展模式。在这一年10月召开的十四大将这一理论写入了党的纲领中。“南方谈话”，是解放思想的再讨论，是改革开放的再动员，是加快建设的再推进，它丰富了邓小平同志建设有中国特色社会主义理论，并使这一理论走向成熟，形成了完善的理论体系。除此之外，特别重要的是，在“南方谈话”之前的一年中，由于国内、国际形势的变化，意识形态中“左”的思潮又再次滋长起来，给改革开放造成了严重的障碍和束缚。这种“左”的思潮的一个主要表现，就是对改革事业问一问姓“社”姓“资”。这一次“理论”与“实践”的交锋是改革开放事业开启十二年后的又一次考验，同时又为新一轮的实践提出了新的问题。

1992年10月，中共十四大在北京召开，江泽民同志作了《加快改革开放和现代化建设步伐，夺取有中国特色社会主义事业的更大胜利》的报告。这一报告正是这一场争论的最后定音。报告总结了十一届三中全会以来14年的实践经验，确定我国经济体制改革的目标是建立社会主义市场经济体制；提出用邓小平同志的建设有中国特色社会主义理论武装全党。大会通过了《中国共产党章程（修正案）》，将建设有中国特色社会主义的理论写进党章，从此党的历史上第一次明确提出了建立社会主义市场经济体制的目标模式。中国特色的社会主义理论将社会主义的基本制度与市场经济结合在一起，可以说是中国共产党的一个伟大创举，是改革开放以来党进行理论探索最重要的结论，也是社会主义认识史上一次历史性的飞跃。

1999年3月《国务院关于进一步推进西部大开发的若干意见》提出了进一步推进西部大开发的十条意见。西部大开发战略有利于培育全国统一的市场，完善社会主义市场经济体制；有利于改善全国的生态状况，为中华民族的生存和发展创造更好的环境；有利于进一步扩大对外开放；有利于推动经济结构的战略性调整，促进地区经济协调发展；有利于扩大国内需求，为国民经济增长提供广阔的发展空间和持久的推动力量；用好国内外两个市场、两种资源，具有重大的经济、社会和政治意义。2001年，中国加入世贸组织法律文件，标志着经过15年的艰苦奋斗，我国成为世贸组织新成员。中国享受的权利有助于中国商品进入国际市场。中国将享受多边贸易体系多年来促进贸易自由化的成果，享受多边的、稳定的、无条件的最惠国待遇，而这一切，都是改革开放的“理论”与“实践”多次交锋后的实践成果。

邓小平同志“南方谈话”的内容高屋建瓴，总结了十一届三中全会以来我国改革开放的基本经验，明确地回答了束缚人们思想的许多重大理论问题，被视为继真理标准大讨论之后的第二次思想大解放。“南方谈话”关于市场经济和计划经济的精辟论述；关于我国要警惕右，但主要是防止“左”的新概括；关于社会主义本质和“三个有利于”标准的理论等，都是围绕着“什么是社会主义，怎样建设社会主义”这个根本问题，从理论上作出的新回答，是我国改革开放和现代化建设实践在理论上的巨大突破。

（2）高等教育发展面临改革需要。中共十四大确立的社会主义市场经济体制改革目标促使人们在思维方式、思想观念、价值取向以及人生态度等方面发生了一系列变化。这一时期大学生在政治思想上，对国家和社会变化的关注日益增强，在爱国主义热情升温的条件下政治态度趋于稳定、冷静、务实，部分学生的政治思想趋于“中立”，对党风不正和腐败现象蔓延仍然表示出强烈不满。在价值取向上，注重物质利益的功利主义倾向突出，价值取向总体呈现出复杂化、多样化。在道德面貌方面也回应了时代对道德的诉求，显著增强了自我意识、竞争观念、法制观念与效益观念等，同时也存在道德选择的多样化和对集体、国家责任感淡化等问题。

第一，实用主义思潮兴起。20 世纪 90 年代中期，新的高校毕业生就业制度基本确立，大学生就业方式由国家“统包统分”变为“供需见面、双向选择、自主择业”。1997 年，高校收费制度正式在全国推行，高校由公费上学改为缴费上学。这些变化促使了实用主义思潮在大学生中的兴起。大学生对教育的投资意识增强，在专业选择和职业选择上呈现出前所未有的功利性色彩，“学历热”、“考证热”、“出国热”、“经商热”经久不衰。大学生在道德价值信仰上对社会终极关怀的目标期望淡漠，对自我发展的个人目标执着追求，对集体主义价值观的认同偏低。少数大学生受社会上知识贬值、“脑体倒挂”等现象的刺激，“上山读书”的兴趣被“下海赚钱”代替，甚至出现了“知识无用论”的错误思想。

第二，重新认识民族文化。进入20世纪90年代，大学生从对西方各种文化的狂热追求中逐渐冷静下来，转向对中国社会、中国历史和中国传统文化的重新认识。“亚洲四小龙”的崛起使“新儒学”成为90年代大学生的热门话题，并逐步演化成大学校园中的“国学热”，这从侧面反映了大学生对中国传统文化的接受和认可，大学生普遍反对将继承民族优秀文化与实现民族现代化相对立，民族主义情绪升温。90年代中后期，我国相继对香港和澳门恢复行使主权，“一国两制”构想得以实现。面对祖国蒸蒸日上、蓬勃发展的大好形势，大学生受到极大的鼓舞，民族主义情结滋长。1996年，一本名叫《中国可以说“不”》的畅销书，以爱国者就应向以美国为首的西方世界说“不”的鲜明观点轰动了西方。该书引起了青年人关于中美关系和民族主义观点的大讨论，被认为是当代中国民族主义情结升温的标志。随后，一项名为“中国青年眼中的美国”的调查报告显示，81.12%的青年认为美国“在世界上推行民主是假，搞霸权扩张是真”；83.18%的青年认为美国对中国人权状况的指责是恶意的；

90.35%的青年认为美国在对华问题上表现出的态度是霸权的。[①]这一结果表明，包括大学生在内的中国青年对西方的态度已经发生了根本性转变。

因此，面对中国大学生种种思潮的变化和“理论”与“实践”问题的提出，中国的高校战线也是最早开放的一个战线。所以，开放是中国高等教育的第一个改革。中国高等教育的改革发展得益于开放，中国高等教育更进一步的改革发展需要继续扩大开放。我们应该建设更加开放的大学，建设更加开放的高等教育事业。

2. 大学生社会实践的主要政策及效果

这一阶段关于大学生社会实践的主要政策以推进素质教育为目标，不断扩大大学生社会实践的参与面，并对之进行更为详尽的规定。

（1）中宣部、国家教委、共青团中央联合发布《关于广泛深入持久地开展高等学校学生社会实践活动的意见》。1992 年 6 月 25 日，中宣部、国家教委、共青团中央联合发布了《关于广泛深入持久地开展高等学校学生社会实践活动的意见》，这一意见又由中共中央办公厅、国务院办公厅转发给各省市、自治区。这正是改革开放后大学生社会实践全面推进的标志性文件。多个国家部委高度重视大学生社会实践活动，并联合行文，在文件标题中用了“广泛”、“深入”、“持久”对大学生社会实践活动进行描述，尤见其重要性，同时国家党政机关高度重视对文件的执行情

① 郗杰英，刘俊彦．1978—1998：充满机会和希望的中国青年［J］．中国青年研究，1998（6）．

况。该意见的具体内容包括：第一，充分认识社会实践活动的意义。意见总结了改革开放后大学生社会实践活动的效果，并指出，加强大学生社会实践活动有助于学生增强改革开放的意识，提高坚持党的基本路线的自觉性，培养全面素质，尤其是思想政治素质。大学生社会实践活动应成为我国社会主义高等教育不可缺少的重要组成部分，该意见从培养改革开放生力军的战略高度对之进行论述。第二，加强社会实践活动中的党政领导和政府部门的组织。意见要求地方要加强对本地区社会实践活动的领导，党委宣传部门和教育工作部门、行政部门、共青团组织在党委和政府的统一领导下，负责组织和协调本地区的大学生社会实践活动。第三，要求把社会实践活动列入高等学校的教育计划。意见要求各高等学校要把社会实践活动列入教育计划，每个本科生在校学习期间，利用课余时间参加社会实践活动的时间累计不能少于四周；文科生还可以多些。意见提出了将学生社会实践活动表现情况作为学生评优、评奖和毕业分配的依据之一，要求高校加强对社会实践活动的领导，配备大学生社会实践活动指导老师。第四，多渠道解决社会实践活动的经费。意见指出，社会实践活动经费应根据勤俭节约的原则，通过国家、地方、学校、接收单位和学生个人等多渠道解决，并鼓励学校和地方、企事业单位根据“互惠互利、双向受益”的原则开展社会实践活动。第五，规范社会实践活动的开展。意见要求，把思想政治教育放在大学生社会实践活动指导的首要位置，同时结合活动对学生进行正确处理理论与实践、个人与人民群众关系的教育，包括阶级观点、群众观点和辩证唯物主义教育。社会实践活动的形式应当适合学生特点，对于受学生欢迎的形式应当根据情况加以提倡，并探索新的形式。

该意见的出台，既总结了过去十多年大学生社会实践活动的经验，又提出了对新阶段大学生社会实践活动的具体要求，起到了承上启下的作用。意见的内容对大学生社会实践活动开展产生了广泛、深远的影响，许多好的政策仍然沿用至今。该意见充分肯定了大学生社会实践活动在培养人才方面的重要作用，对大学生社会实践活动的开展用了“广泛”、“深入”、“持久”一组形容词充分说明其重要性。该意见亦明确了大学生社会实践活动的具体领导和组织部门，给地方政府及各主管部门分配了较为明确的任务和责任。该意见对于大学生社会实践活动经费保障问题提出了多渠道解决方式，在一定程度上解决了学校在组织大学生社会实践活动中的困难。当然，也有一些历史的局限性，首先，没有跳出大学生社会实践活动的具体范畴，仍然存在就活动谈活动的情形；其次，意见在大学生社会实践活动的思想政治教育功能中仍然提出了将阶级观点作为一个重要的教育内容。

（2）共青团中央、中宣部、国家教委联合发布《关于深入持久开展大学生社会实践活动的几点意见》。1996 年共青团中央、中宣部、国家教委联合发布了《关于深入持久开展大学生社会实践活动的几点意见》。这几点意见是 1992 年《关于广泛深入持久地开展高等学校学生社会实践活动的意见》的补充和改进。该意见指出的主要内容包括：第一，进一步明确大学生社会实践活动的作用。意见指出，要在实践中对学生进行生动活泼的爱国主义、集体主义、社会主义教育和改革开放形式教育，帮助他们了解我国改革开放所取得的巨大成就，加深对党的基本路线以及党和政府所采取的一系列深化改革的方针、政策、措施的认识和理解，进一步增强支持改革、促进发展、维护稳定的自觉性和坚定性。第二，提出社会实践活动的任务。意见要求在坚持“受教育、长才干、做贡献”的指导方针之下，使社会实践活动更好地为改革开放和现代化事业服务，为青年学生健康成长服务，为地方经济建设和社会发展的现实服务。第三，探索开展社会实践活动的有效形式。意见要求不断拓展社会实践活动的范围，逐步建立适应社会主义市场经济体制的社会实践活动运行机制。第四，加强领导，健全和完善社会实践的各项制度和措施。意见要求，在中宣部、国家教委和共青团中央的统筹规划与协调指导下，成立全国大学生社会实践活动办公室负责每年活动的具体部署及协调工作。

20 世纪 90 年代中期改革开放进入攻坚阶段，新的思潮和新的观念不断涌入我国。社会上产生了对改革开放的不同认识，以及对中国特色社会主义建设成果的不同认识。这几点意见主要针对这一历史背景，希望大学生从具体的社会实践活动中了解国情、民意，认识改革开放的伟大成果，客观分析改革开放中存在的问题和困难。这几点意见对大学生社会实践活动进行了深入的阐述，让我们更加清晰地认识到大学生社会实践活动的一些基本内涵和大学生社会实践活动的形式与制度要求。大学生社会实践活动能够在实践中让大学生了解国家的基本方针、政策和路线，了解改革开放的伟大成就，坚定大学生跟党走的信心和决心。同时，这几点意见还明确了大学生社会实践活动的任务是多方面的，既能培养人也能为改革开放和现代化建设大局服务，为地方经济建设和社会发展的实际需要服务。

(三）全面建设小康社会中大学生社会实践的与时俱进（2004 年至今）

这个历史时期是知识爆炸的时代，网络发展日新月异。面对新的历史挑战和历史机遇，大学生社会实践政策也有了一些新的内容和要求。

1. 大学生社会实践与时俱进发展期的历史背景

中共十六大制定的用 20 年时间（2001—2020 年）全面建设小康社会的纲领，在全国人民中得到热烈的响应。这是中国现代化建设的长期发展战略，是党的发展纲领，也是人民的期待。在这一历史时期我国经济发展迅速的同时，也存在许多有待解决的历史难题。

(1）改革开放进入“深水区”。我国今天取得如此巨大的成就，实际上是与对改革方向的始终坚持，与对改革路径的不断探索，与对现实问题的正确把握紧紧地联系在一起的。改革开放不是一帆风顺的，其间历经了“改革向何处去”的三次思想上的大交锋和大解放，前两次分别是真理标准讨论、姓“资”姓“社”讨论；而最近几年关于市场化改革方向的讨论，都是由于经济和社会转型过程中遇到的问题而引发的。第三次“理论”与“实践”的交锋开始于 2004 年，这时改革遇到了许多深层次的问题。于是，有人因国有资产的流失、某些大公司里的资产转移而将批评的面扩大，扩大到否定整个中国三十年改革开放的道路，认为中国大的改革方向错了，应该搞中央集权，应该重新开始改革。这次交锋最后以 2006 年“两会”期间胡锦涛同志在上海代表团强调要毫不动摇地坚持改革方向，不断完善社会主义市场经济体制，充分发挥市场在资源配置中的基础性作用而告终。

2004 年 9 月，十六届四中全会首次提出构建社会主义和谐社会的重大历史命题，具有很强的现实针对性。如上所述，随着改革开放的不断深入，经济社会发展面临很多新矛盾、新问题，有的还相当严重，造成了社会的不稳定。2005 年 2 月，胡锦涛同志在中央党校进一步给出了“和谐社会”的六大特征：民主法治、公平正义、诚信友爱、充满活力、安定有序、人与自然的和谐。和谐社会的六个特征实际上就是讲人与人的和谐关系、人与社会的和谐关系、人与自然的和谐关系，也就是要建立一个物质文明、精神文明、政治文明高度发达的社会，一个在这三个方面没有冲突的社会。人与自然的和谐就是在提高经济效益、增强经济活力的同时解决环境污染、加强生态环境保护，使得人与自然达到一种和谐，也就是通过充满活力以及人与自然的和谐来概括。人与人之间的和谐主要是通过公平正义、诚信友爱来实现，属于精神文明建设。人与社会的和谐主要通过民主法治的建设，让社会安定有序来实现，属于政治文明建设的范畴。因而，人与自然、人与人、人与社会之间的和谐分别属于物质文明、精神文明和政治文明，分别对应着效率、公平和法治的改进和完善。

中共十六大在我国已经解决温饱问题、人民生活总体达到小康水平的基础之上，进而提出了“全面建设小康社会”的设想，就是在 21 世纪头 20 年，集中力量、全面建设更高水平的小康社会，使科教更加进步、经济更加发展、民主更加健全、文化更加繁荣、社会更加和谐、人民生活更加殷实。这一阶段的建设后，再继续奋斗几十年，到 21 世纪中叶基本实现现代化，把我国建设成为富强、民主、文明的社会主义现代化国家。实现现代化建设第三步战略目标必经的承上启下的发展阶段就是全面建设小康社会的阶段，提出这一奋斗目标是完全符合我国基本国情和现代化建设的实际要求的。

（2）大学生社会实践出现新的问题。伴随着中共两次重要代表大会（十五大、十六大）的胜利召开，科学发展观、全面建设小康社会等主题词勾勒出中国社会在21世纪发展的轨迹与方向。这一时期大学生在政治思想上，坚决拥护党的路线方针政策，高度认同邓小平理论和“三个代表”重要思想，但是也有部分学生出现理想信念模糊、政治信仰迷茫与政治参与消极等情况。在价值意识上，大多数同学普遍认同科学正确的价值观，然而也有一些同学受市场经济某些负面作用的影响，使得拜金主义和享乐主义思潮仍有市场，青年中存在知行背离的二律背反。在道德层面上，能够坚守基本道德规范和认真贯彻《公民道德建设实施纲要》，但在实践中，却存在诚信意识淡薄、艰苦奋斗精神淡化、社会责任感缺乏等问题。

第一，现代公民意识确立。现代公民意识不仅包括国家意识和社会主义意识，同时还包括社会公德意识、法律意识、竞争意识和主体意识等。这些意识正在大学生群体中得以逐步确立。当代大学生具有现代的竞争意识，认为竞争是求得个人发展的途径。同时，他们崇尚“自我”，追求道德实践中的主体地位，对自己的独立人格和主体意识极为看重，在社会活动中具有自主性、自为性、独立性和创造性。新时期的大学生具有较强的法律意识，具有学法、知法、守法的主动性和自觉性，特别是维权意识强烈，懂得用法律手段保护自己的合法权益。他们还以实际行动充分诠释了社会公益意识和志愿服务精神，而这正是一种现代社会公民才能具有的自我意识，是一个社会发展层次和文明程度的标志。

第二，主旋律的积极回归。新时期大学生是改革开放政策的受益者，近年来，党和国家高度重视大学生思想政治教育工作：2004 年中央 16 号文件的出台以及相应配套措施的实施，使大学生的整体思想政治水平有了提高。2003 年抗击“非典”、2008 年冰雪灾害和汶川特大地震，在这些大是大非的考验面前，坚定了青年大学生对党和政府的信任，升华了对共产主义的信仰。但我们也应看到，大学生思想领域仍有一些问题亟须解决，如对于马克思主义理论、毛泽东思想和社会主义核心价值体系的学习有待深入等。同时，大学生积极参与社会实践，志愿服务落后地区，不断持续升温的“支教热”、“村官热”等现象，体现了新时期大学生用实际行动报效祖国的责任感和使命感。

第三，民族主义与爱国主义思潮高涨。在 20 世纪 90 年代中期逐渐发展的民族主义思潮，在跨入 21 世纪后迎来新的高潮。在我国，大学生中存在的民族主义思潮，主流还是爱国主义。这种民族主义的萌发是面对全球化的挑战，以维护中华民族的统一与主权、独立与尊严为目的的。大学生高度关注并能够理性地看待改革开放中出现的问题，以建设性的姿态投身到中国特色社会主义建设事业中去。例如，大学生对汶川特大地震的积极支援；反击藏独分子的阻挠以及西方媒体对中国的不实报道，都在国际上产生了积极影响。

第四，价值多元化明显。随着经济全球化影响的深入，社会的深刻变革，同时互联网的普及，使得各种观念得以迅速传播并影响着当代的中国大学生。大学生在价值观念上呈现出日趋多元化和复杂化的特点。例如，他们普遍认同“诚信受益”、“个人奋斗”等主流价值观念，同时，又对同居、网恋等现象多持肯定或不反对的态度。他们的价值观主流是积极向上的，但同时又被享乐主义、拜金主义、极端个人主义等错误的价值观念所羁绊。现在成才标准多元、东部与西部、都市与农村、公务员与公司职员、固定职业与自由职业等，都成为大学生的多元主动选择对象。个人奋斗、勇于超越、敢于创新、不断追求受到普遍支持。同时宗教思想、有神论也为少数学生所接受，大学生也成为宗教信徒。

2. 大学生社会实践的主要政策及效果

这一历史时期有关大学生社会实践的主要政策已经有了历史性的飞跃，如何面对新时期的挑战成为其主要解决的问题。

（1）中共中央与国务院发布了《关于进一步加强和改进大学生思想政治教育的意见》。2004 年 8 月 26 日，中共中央与国务院发布了《关于进一步加强和改进大学生思想政治教育的意见》（以下简称 16 号文件）。这是在新的历史时期下，党和政府对大学生思想政治教育高度重视的产物，对于当前大学生思想政治教育面临的形势以及改进大学生思想政治教育的具体措施进行了阐述和指导。16 号文件也包含了大学生社会实践的内容，具体为：第一，将坚持政治理论教育与社会实践相结合作为改进大学生思想政治教育的基本原则之一。第二，把深入开展社会实践作为拓展新形势下大学生思想政治教育的有效途径之一。应当积极探索实践育人的长效机制，建立社会实践与专业学习相结合、与服务社会相结合、与勤工助学相结合、与择业就业相结合、与创新创业相结合的管理体制，增强社会实践活动的效果，培养大学生的劳动观念和职业道德。其中，大学生社会实践活动应当包括：社会调查、生产劳动、志愿服务、公益活动、科技发明和勤工助学等。

16 号文件对加强和改进大学生思想政治教育作了全面论述，其中涉及大学生社会实践活动的部分也具有划时代的意义。首先，以中央文件的形式提出了大学生社会实践的概念，对抽象的大学生社会实践与具体的大学生社会实践活动进行了不同的论述。类似于大学生思想政治教育概念经历了大学生思想政治工作、大学生政治思想工作的发展，大学生社会实践这一概念的发展，有了升华和概括，区别于具体的社会实践活动和形式。其次，文件将社会实践与政治理论教育相结合作为改进大学生思想政治教育的基本原则，体现了党和政府对社会实践的高度重视，高度强调了社会实践在大学生思想政治教育中的重要作用，与政治理论教育一样不可或缺。最后，文件对于如何深入开展大学生社会实践提出了“五个结合”的管理体制，指明了大学生社会实践的发展方向。增强大学生社会实践的实效性就应当使社会实践贴近大学生，与专业学习相结合、与服务社会相结合、与勤工助学相结合、与择业就业相结合、与创新创业相结合。这样，才能切实解决大学生的发展难题和生活难题。

（2）中共中央宣传部、中央文明办、教育部、共青团中央联合发布《关于加强和改进大学生社会实践的意见》。2005 年 2 月 1 日，中共中央宣传部、中央文明办、教育部、共青团中央联合发布了《关于加强和改进大学生社会实践的意见》。这是在 16 号文件后，国家多部委联合发布的关于大学生社会实践的文件。文件开宗明义地提出为贯彻落实 16 号文件精神，就进一步加强和改进大学生社会实践提出具体意见。主要内容包括：第一，充分认识加强和改进大学生社会实践的重要意义。意见指出理论教育和实践教育相结合是大学生思想政治教育的根本原则。在面对新形势、新任务、新情况和新变化的情况下，大学生社会实践的任务更重，应当在大学生思想政治教育中发挥更积极的作用。第二，明确大学生社会实践的总体要求和工作原则。大学生社会实践的总体要求是，以邓小平理论和“三个代表”重要思想为指导，认真贯彻以人为本、全面协调可持续的科学发展观，全面贯彻党的教育方针，遵循大学生成长的规律和教育的规律，以了解社会、服务社会为主要内容，以形式多样的活动为载体，以稳定的实践基地为依托，以建立畅销机制为保障，引导大学生。对于大学生社会实践的工作原则，意见总结为五个方面：坚持教育为本，坚持理论联系实际，坚持课内与课外相结合，坚持受教育、长才干、做贡献，坚持整合资源。第三，把社会实践纳入教学计划，丰富社会实践内容。意见要求进一步加强以教学实践、专业实习为主要内容的实践教学；深入开展社会调查；广泛开展生产劳动和社会服务；大力开展科技发明；扎实开展勤工助学；积极开展“红色之旅”学习参观；把军政训练作为必修课，纳入学校整体教学计划。第四，全面深入开展“三下乡”和“四进社区”活动。意见专门对文化、科技、卫生“三下乡”和科教、文体、法律、卫生“四进社区”活动进行了指导。第五，探索建立大学生社会实践的长效机制。在管理上探索建立社会实践与专业学习、服务社会、勤工助学、择业就业、创新创业相结合的机制，规定社会实践的学时学分，对大学生参加社会实践提出时间和任务的要求。第六，切实加强对大学生社会实践的指导。动员社会各方面支持大学生社会实践；并做好对大学生社会实践的宣传，开展大学生社会实践理论研究。意见要求各级党委和政府要为高校组织社会实践活动创造条件，提供便利。

这一意见在16号文件的基础上，针对大学生社会实践进行了全面的规定和指导。意见首先强调了大学生社会实践这一概念的提法，可见大学生社会实践是一项整体工作，是加强和改进大学生思想政治教育、培养中国特色社会主义建设人才的有力途径。其次，该意见对于大学生社会实践的具体内容进行了一些说明，对一些经过多年实践经验证明有益的实践形式进行了肯定并要求通过学时、学分的形式纳入高校教育计划，充分保证大学生社会实践的效果。再次，意见首次明确了大学生社会实践的总体要求和工作原则，有利于在实际工作中厘清大学生社会实践的理论指导。最后，该意见在建立大学生社会实践的长效机制方面，给予了许多有力的指导，提出了许多新的观念，如保证人人都能参与社会实践，动员社会各方面的力量支持大学生社会实践，这些保障条件对于加强和改进大学生社会实践具有积极的指导作用。

2010年7月13日，胡锦涛同志在全国教育工作会议上的讲话中指出，“教育成效不应只看学生是否能准确填写标准答案，更要看学生的学习能力、实践能力、创新能力，看他们是否掌握了发现问题、解决问题的关键能力，看他们是否具备了高度的社会责任感”。这一讲话也强调了教育中培养学生实践能力的重要性，而实践能力的培养必须通过参与社会实践活动，真实与社会接触才能提高实际的操作能力，才能在实践中了解社会、服务社会，培养社会责任感，提高个人品德修养。

二、改革开放以来大学生社会实践的经验启示

改革开放以来大学生社会实践在培养大学生全面发展方面取得了显著的成绩，也在很大程度上增强了大学生思想政治教育的效果。这些宝贵的经验为解决当前大学生社会实践中存在的问题，进一步深化大学生社会实践发展，都具有历史和现实的意义。

（一）改革开放以来大学生社会实践的经验

大学生积极参加社会实践活动，他们通过参加社会实践活动，在了解国情、民情，提高自身素质，明确社会责任等方面取得了显著成绩。调研结果显示，社会实践受到了大多数学生的认可，在学生中的影响力广泛，社会实践成为促进大学生全面发展的重要途径。

1. 使大学生了解国情、民情

大学生应当了解国情、民情，而社会实践正是为大学生提供了解国情、民情的平台和机会。

（1）大学生应当了解国情、民情

了解国情、民情是大学生成长、成才的需要。国家为培养这些潜在的优秀人才，投入了大量的人力、物力和财力。大学生要履行自己的职责，完成历史使命，就需要去了解国情、民情。只有基本了解国家文化历史传统、自然地理环境、社会经济发展状况以及国际关系等，大学生才能对国家当前存在的问题作出正确的分析和判断，才能明白民族伟大复兴的历史使命。如果大学生

只看到改革过程中存在的各种矛盾和问题，而不将这些矛盾和问题放进历史发展过程中进行认识和分析，就会狭隘地否定改革的成果。只有基本了解人民的生产活动、风俗习惯等状况，了解人民的心情、愿望等，才能心系人民，才能在未来的职业过程中做到权为民所用，利为民所谋。尤其是基层群众的生产、生活状况还存在地区差异、民族差异等问题，大学生如果没有走进基层，就不会了解底层人民群众的愿望。如果未来的人才不了解民情，制定的各种政策、方针就会脱离群众、不得民心。

（2）在校大学生缺少对国情、民情的认识

在校大学生由于长期在学校学习，对社会接触少，对国情、民情的了解缺乏广度和深度。同时，当前的在校大学生绝大多数出生于20世纪90年代后，相当一部分是独生子女，良好的物质成长环境也制约了他们了解国情、民情。大学生成长的环境较为优越，父母很少给予他们了解国情、民情的机会。这些大学生是整个家庭的未来，通常被寄予厚望。他们衣食无忧，甚至被过度保护，父母为他们完成学习以外的所有事务。即便是一些农村生源的大学生，也很少有机会接触农村的实际生活，常年以学习为第一要务。父母即使通过打工挣钱，自己省吃俭用也要为子女提供好的生活条件。

高考制度在一定程度上削减了素质教育的实效性。在进入大学前，学生都是以高考为指挥棒，从小就以学习成绩论英雄，进入好的幼儿园、小学、中学就有更多的机会考进好大学，所以学生在进入大学前很少有机会和时间去了解国情、民情。甚至有新闻报道，大学生甚至不知道坐哪一路公交车回家。在实际工作中，笔者也发现一些大学生缺乏常识，在实践活动中经常对各种社会现状感到惊讶。

（3）社会实践为大学生提供了解国情、民情的平台

社会实践为大学生提供了解国情、民情的平台，让大学生在实践活动中去体会国家的基本状况和基层人民群众的生产、生活状况。

社会实践为大学生提供了走出校园的机会，使大学生能够走出校园，走向社会参加不同的社会实践活动。在社会实践活动中，大学生就要去观察、体验，如参观历史博物馆、重走长征路、参观现代工业等活动，这样大学生就能从中观察中国的历史发展，就能体验改革开放的成果。在社会实践活动中，大学生要为社会服务，从服务中加深对国情、民情的了解。例如，“三下乡”社会实践活动，大学生就要将自己所学应用到现实生活中，为基层人民群众提供智力支持和卫生服务、丰富他们的文化生活等。

社会实践为大学生提供了“立体”的国情、民情。在理论学习过程中，书本为大学生提供了国情、民情的基本知识，如我国国土面积960万平方公里，地大物博，我国GDP已经跃居世界第二位，但人均GDP仍然处于落后水平。对于这些基本国情、民情书本知识有基本的阐述，但理论知识是二手资料，是单向度的知识传授，而社会实践让国情、民情变得“立体”和丰富，大学生通过社会实践活动可以具体地感受国情、民情。他们走过一些城市，看到发展的最前沿，到了山村，看到了落后的现实。

2. 锻炼了大学生的综合素质

社会需要高素质人才，既要好的思想政治素质也要实际工作的专业素质，还需要较强的社会适应能力，以及高尚的道德情

操。高素质人才在社会中才有竞争力，才能进一步推动社会的发展。社会实践就是锻炼和培养大学生综合素质的重要渠道，让大学生成为潜在的高素质人才。

（1）历练了大学生的思想政治素质。社会主义现代化建设迫切需要我国高等学校培养出大批有理想、有道德、有文化、有纪律的“四有”人才，而当前的现实是，大学生多是“三门”学生，从家门走进校门，从校门走进单位门，缺乏社会实践锻炼。因而，这些大学生的政治素质与党和国家对他们的政治素质要求之间存在一定的“差距”。

社会实践活动是促进大学生政治上成熟与发展，缩小素质差距的一种有效途径。大学生社会实践具有内容的生动性、形式的直观性、空间的相对广阔性，能让学生在认知、情感、意志、行为等各方面得到综合训练，在实践中可培养大学生的吃苦耐劳精神，锻炼意志品质，增强团队协作能力。古人云，“纸上得来终觉浅，绝知此事要躬行”。在社会实践中，大学生不断完善自身，思考和解决自我意识矛盾的问题。社会实践能教会大学生正确认识思想政治教育理论与现实的矛盾。在现实生活中，国家在社会转型过程中存在许多不容忽视的问题，如社会的贫富差距、腐败现象、食品安全、教育体制改革、医疗体制改革，等等。这些社会现实问题都会让人们思考社会主义的优越性何在，人民的利益应当如何得到保障。大学生群体对这些问题的思考如果缺乏引导，他们就更愿意将时间消磨在网络世界或娱乐世界，部分学生不愿谈政治、不敢参与政治，害怕对这些现实问题的思考给自己带来不必要的麻烦。通过社会实践，大学生能了解最鲜活的现实，了解我国发展的困难和问题，探寻发展中问题的解决方法。

推动大学生“三观教育”。世界观、政治观和人生观教育是大学生思想政治教育中的重要内容。首先，在社会实践中，大学生能自觉运用马克思主义辩证唯物主义和历史唯物主义思考问题、解决问题。实践是动态的、鲜活的，如何了解社会、服务社会，认识这些问题就必须树立辩证的观点，用实践检验真理。其次，政治观就是人们对国家的政治关系、政治活动的根本观点。大学生应当树立社会主义政治观，应当具有高尚的理想信念。近年来，大学生思想政治教育不断受到新形势、新问题和新的历史条件的挑战。“在现代世界，物质的丰裕导致了精神的贫乏，自由的泛滥导致了对自由的恐怖。这一类相继出现的悖论中，就包含了‘政治化’与‘政治冷淡’的同时并存。”① 同时，网络在某种程度上弱化了大学生对团体的依附性，同时改变了人们的社会参与模式，导致反向社会化的形式不断增加，政治冷淡和政治冷漠现象在大学生中不断扩散。单纯的灌输式教育难以满足学生的学习需求，而社会实践成为加强和改进大学生思想政治教育的有效途径。理想信念是社会主义核心价值体系得以维护和认同的关键，是个人成长成才的“纲”。社会主义核心价值体系应当内化为当代大学生的理想信念，使之肩负起中国特色社会主义建设的重任，成为未来之栋梁。没有理想信念就如同失去人的灵魂，找不到方向，漫无目的地自我消磨。最后，人生观，是人们在实践中形成的对于人生目的和意义的根本看法和总的态度。大学生的人生价值在社会实践中得以体现，也在实践中得以升华。大学

---

① ［日］加藤节著．政治与人［M］．唐士其译．北京：北京大学出版社，2003：7.

生通过社会实践能全面了解社会，并正确认识国情和民情，自觉增强社会责任感和使命感。在社会实践活动中，大学生会产生问题意识，并认真思考问题，同时会去探索人生价值的真谛。大学生在实践中会感悟到我国的特殊国情，认识到国家的发展道路必须符合国情，盲目照搬其他国家的发展模式是不可能成功的，中国特色社会主义现代化建设事业更应从本国的实际出发。在社会实践中，大学生也能增加与工农群众的接触机会，自觉产生与广大群众的感情，体会基层群众的疾苦，坚定在以后工作中为人民群众谋利益的志向。

（2）培养了大学生的创新能力和实际工作能力。过去的人才培养方式主要表现为“死记硬背型”、“应试型”，都是以考试成绩定优劣。随着高等教育的不断发展，“学生中心”、“学习创新为中心”、“培养创新能力为中心”的人才培养模式逐渐兴起并越来越重要。

实践是创新的必要条件。实践能够把“死”的知识变为“活”的应用，能够在前人的基础上创造性地产生新的成果。大学生社会实践开展以来，在学校和学校之外为学生提供了锻炼自己实际操作能力和创新能力的平台。例如，由共青团中央、中国科协、教育部和全国学联共同主办的全国“挑战杯”赛事，这一课外学术竞赛从1989年开始，在社会上产生了广泛而良好的影响，被誉为当代大学生科技创新的“奥林匹克”盛会。一些大学生的研究成果已经投入生产、使用，一些学术成果也对促进专业研究产生了深远影响。同时，目前各高校开展的大学生创新、创业社会实践活动，也大大激发了学生的创新和创业热情。部分大学生在校期间一边完成学业一边投入创业项目，一些创业项目已经投入实际运行，不仅获得了社会关注，还获得了资金收入。

社会实践锻炼了大学生的实际工作能力。社会实践需要大学生投入到真实的社会工作中，将知识转化为行动。无论是在专业实习、教学实践，还是挂职锻炼、志愿服务或创新创业类的大学生社会实践中，大学生都必须面对真实的工作去提高认识问题、解决问题的能力。实际工作能力也让大学生摆脱书本知识的禁锢，使他们既能巩固所学知识又能在实践中获得更多的知识。例如，从2003年开始，上海市大学生暑期挂职锻炼被纳入市科教党委、团市委组织实施的“优秀在校大学生选拔培养工作”，已经成为培养优秀大学生的主要形式。大学生通过挂职锻炼或专业实习、带薪实习等社会实践活动，见识了真实的社会工作环境，在工作中从零起步，一方面将专业知识运用于实际工作，另一方面在实际工作中学习处理问题的方法。大学生在校期间能够获得知识和技能的双重提高，更有利于加速大学生从潜人才到显人才的转变。在重庆，一些参加带薪实习的大学生，在总结中写道：“我对这次带薪实习感悟很多。这是我第一次接触工作实际，许多工作都需要独立完成。我学到许多书本上没有的知识。要完成工作任务就需要用心观察、用心学习，还要有灵活的思维和敏捷的行动。作为办公室人员，个人的言行举止、工作态度显得十分重要。见微知著、以小见大，细节能够决定成败。因此，在工作中我学会了办事一定要耐心、细心、用心。”

（3）培养了大学生的社会适应能力，促进大学生的社会化。社会实践就是为大学生提供一个展示自我、锻炼自我的公共领域，让大学生走出“象牙塔”逐渐认识和熟悉现实社会。

人是社会的动物，大学生同样面临着社会化问题。马克思在

《关于费尔巴哈的提纲》中指出，“人的本质不是单个人所固有的抽象物，在其现实性上，他是一切社会关系的总和”。大学生同样应当是社会的人，而非孤立的人，需要进入社会的公共场域，因为“公共领域正是人类取得卓越成就的适当场所”。现实社会存在的正面现象和负面现象都将暴露在大学生面前，如何看待社会的进步和当前各种社会问题，是促进大学生不断社会化的推动力。当前的大学生主要以“90后”为主，他们一方面是父母的掌中宝，作为独生子女的他们从小就获得来自家庭的宠爱；另一方面也因为高考制度的约束，一大部分学生在进入大学前很少参加社会实践活动，缺少基本的社会经验和社会适应能力。

社会实践搭起了大学生和社会之间的桥梁。社会实践督促大学生去关注、了解社会，并使他们开始适应社会，在锻炼中增长才干。笔者在调研访谈中也得到了相应的结论，无论是大学生还是大学生家长群体都看到了社会实践在促进大学生社会适应能力和促进大学生社会化方面的重要意义。一位参加了带薪实习的大学生这样谈道：“在为期不长的实习期间，我不仅在实践中得到了锻炼，也在亲身接触社会时明白了一些人情世故，知晓了理论与实践之间的差距，更明白了理论知识积累的重要性。虽然大家戏说，这次‘带薪’实习没带薪，只能叫实习，但是这次实习对于我的意义是不平凡的，它是我实习生活的第一站，是我第一次真正地接触社会，它对我以后的工作生活起到了相当大的作用。我迫切地希望能再一次参加这种实习，在实践中培养自己的素质，历练自己的能力，争取获得更多的收获！”一位学生家长对自己孩子参加带薪实习的评价是：“这是她第一份正式的工作，也是她逐渐由学校走向社会的过渡。说真的，也许女儿从小就被我们宠着、呵护着，除了高考，她没经历过什么大事儿，更谈不上经历磨难。她有幸参加这次活动，对于她来说，是人生的另一种尝试，对于我们来说，也是一种放手，看看女儿是否真正成长了起来，是否学会了真正的独立。”

（4）培养了大学生良好的道德情操。道德情操培养是大学生思想政治教育的重要内容，培养道德情操更多的是一种实践，通过实践巩固道德习惯。思想政治理论课以理论讲授为主要方式，告诉大学生应当做什么，而大学生社会实践则主要是教会大学生在实践中应当怎么做。良好的道德情操包括家庭道德、社会公德和职业道德，三者缺一不可。改革开放以来的大学生社会实践也紧紧围绕这个主题，培养当代大学生良好的道德情操，使他们成长为德才兼备的人才。

社会实践培养了大学生的家庭美德。家庭美德是调整家庭成员之间关系的道德原则和规范。例如，一些社会实践活动以“百善孝为先，家和万事兴的孝道文化学习”、“感恩伴我成长，孝心回馈父母”为主题，开展孝敬父母、感恩家庭的道德情操培养实践活动。通过这些活动让大学生体验了真情，感悟了亲情，让大学生更好地树立了家庭伦理观念，形成了正确的家庭道德观。

社会实践培养了大学生的社会公德。社会公德，是每个公民在履行社会义务或涉及社会公众利益的活动中应当遵守的道德准则。社会公德体现一个国家人民的素质水平，而大学生作为未来的栋梁，社会公德培养是其思想政治教育的重要内容。社会实践就是培养大学生社会公德的一个重要途径，大学生在实践中养成良好的社会修养，并在实践中去维护社会公德。例如，在一些重大的赛会上都可以看到大学生志愿者的身影，在 2008 年北京奥运会期间，全国大学生志愿者积极参与各种志愿服务等活动，为奥运会的成功举办做了大量卓有成效的工作。大学生通过这些志愿服务工作锻炼了自己的实际工作能力，在劝导他人的同时也提升了自身的社会修养。

社会实践培养了大学生的职业道德。职业道德，是与职业活动相关的道德准则、道德情操与道德品质的总和。大学生在面对将来的职业前通过社会实践可以了解职业情况，在实践中培养职业道德。一些挂职锻炼、带薪实习、专业实习类的大学生社会实践活动为大学生提供了工作条件，让大学生可以在实习中了解具体工作内容，熟悉工作环境，并养成良好的职业道德。

大学生通过参加社会实践活动，既能把在校期间学到的理论知识学以致用，又能提高自己的实际动手能力，在实践中充分了解和认识社会，主动承担社会责任，不断提高自己的综合素质。经过社会实践锻炼的大学生大多能够在毕业后顺利进入工作状态，表现出优秀的综合素质，成为单位的业务骨干。

3. 大学生社会实践更加丰富

改革开放30多年来，大学生社会实践不断丰富和扩展，越来越体现时代的鲜明特色，适应大学生的多样化需求。

（1）社会实践活动内容更加丰富。大学生社会实践活动从“学雷锋，送温暖”、“百村调查”活动开始，已经发展出许多新的内容。现在的大学生社会实践活动包括专业实习、带薪实习、文体活动、“三下乡”、“四进社区”、创新创业、科技发明、“红色之旅”参观考察、虚拟实践，等等。例如，一些省市开展的带薪实习，以学生专业为依托，由省市职能部门统筹协调为在校贫困大学生提供寒暑假带薪实习岗位。一方面能解决单位人手紧缺的情况，另一方面也让贫困生通过努力工作获得了一定的经济报酬。虚拟实践是一种网络社会实践新形式，通过开通网络社会实践平台，让学生通过互联网完成社会实践任务。包括网络实践教学、虚拟实验、信息传播以及艺术审美和网络互动，等等。

（2）社会实践活动影响力不断扩大。一些大学生社会实践内容形成了全校性、全市性或全国性的实践活动品牌，得到了社会的广泛认同。例如，由团中央牵头组织的“中国梦·西部情”西部计划从2003年起到2015年已经连续开展了12年，由团中央、教育部联合组织实施的青年志愿服务者扶贫接力计划全国示范项目中国青年志愿者扶贫接力计划研究生支教团从1999年至2015年已经开展了16年。2011年5月10日，胡锦涛同志给北京大学第十二届研究生支教团成员回信谈道，“这些年来，北京大学组织一批又一批在读研究生深入西部地区基层一线开展支教扶贫活动。这是促进青年学生向实践学习、向人民群众学习的一个有效形式。希望北京大学坚持把支教扶贫的接力棒一届一届传下去，让更多的青年学生在实践中得到锻炼提高，努力成长为堪当国家建设重任的栋梁之材”。2014年5月4日，习近平主席给河北保定学院支教毕业生回信强调，“同人民一道拼搏、同祖国一道前进，服务人民、奉献祖国，是当代中国青年的正确方向。好儿女志在四方，有志者奋斗无悔”。这些全国性的志愿服务项目在学生中的知名度和参与度都很高，同时也得到了社会的广泛认同，得到党和国家的高度关注。

4. 中共十八大以来大学生社会实践的理论研究成果丰硕

中共十八大以来，大学生社会实践蓬勃发展，研究大学生社会实践的理论成果也不断增加。

（1）理论成果丰硕，数量、质量齐头并进。截至本书结稿之日，在中国知网以“大学生社会实践”为篇名、关键词进行检索，2012 年至 2015 年共发表期刊论文共 582 篇，硕士论文共 32 篇。具有代表性的文章是王毅的《学校党建与思想教育建立大学生全员参与社会实践保障制度的对策分析》。在中国图书馆检索网站进行检索，近三年出版的关于大学生社会实践的专著有 22 本。具有代表性的著作包括：陈爱民《大学生社会实践创新模式探究》，漓江出版社 2012 年版；庄岩《大学生实践教育模式构建研究》，黑龙江大学出版社 2012 年版；陶好飞《大学生社会实践教程》，光明日报出版社 2013 年版；梁爱文等《高校思想政治教育理论教学与大学生社会实践的统合研究》，中国商业出版社 2013 年版。

（2）理论成果指导大学生社会实践。一些关于大学生社会实践的理论成果转化为现实的动力，指导大学生社会实践的开展。例如，大学生知行模式的链接，作为实践的升华，又应用于实践。许多高校都开展相关的社会实践活动促进大学生理论知识的掌握和巩固，如法学院校的大学生以法律诊所为依托，为社区公民提供法律咨询、文书拟定等服务。一方面可以巩固自己的法学知识，另一方面也可以服务于社区。

（二）改革开放以来大学生社会实践的启示

改革开放以来大学生社会实践取得的成绩，得益于政策、制度和组织的保障。这些经验为进一步解决当前大学生社会实践中存在的问题提供了许多有益的现实启示。

1. 政策保障是大学生社会实践的基石

改革开放以来，党和国家高度重视大学生社会实践，并在不同的时期制定了关于大学生社会实践的明确任务、工作方式，以及一些具体措施。

（1）政策是做好大学生社会实践的最高指令。改革开放以来关于大学生社会实践的最高法律是1999年开始实施的《高等教育法》。其中第56条明确规定："高等学校的学生在课余时间可以参加社会服务和勤工助学活动，但不得影响学业任务的完成。高等学校应当对学生的社会服务和勤工助学活动给予鼓励和支持，并进行引导和管理。"虽然《高等教育法》仅提及大学生社会服务和勤工助学活动，在当时的历史背景下还未提出"大学生社会实践"这一概念，但其已经从法律的高度对高校开展社会实践活动进行了规定。除此之外，改革开放以来中共中央宣传部、教育部、共青团中央等还多次联合发文，对做好大学生社会实践工作进行规划和指导。其中包括：《中共中央宣传部、教育部关于高等学校学生参加生产劳动的若干规定》、《国家教育委员会、共青团中央关于广泛组织高等学校学生参加社会实践活动的意见》、《共青团中央、中共中央宣传部、国家教育委员会关于深入持久开展大学生社会实践活动的几点意见》、《中共中央国务院关于深化教育改革，全面推进素质教育的决定》、《中共中央、国务院关于进一步加强和改进大学生思想政治教育的意见》、《中共中央宣传部、中央文明办、教育部、共青团中央关于进一步加强和改进大学生社会实践的意见》，等等。这些政策文件都是开展大学生社会实践工作的最高指令，引导着全国大学生社会实践工作的开展。

（2）改革开放以来关于大学生社会实践的政策有力推动大学生社会实践的发展。改革开放以来，无论是在大学生社会实践的恢复期还是探索期，或是与时俱进的新时期，大学生社会实践的政策都是促进大学生社会实践不断发展的根本保证。在大学生社会实践恢复期，正是因为有政策的规定，才得以纠正错误的大学生社会实践观，一方面强调生产劳动的重要性，另一方面也纠正了“文化大革命”期间忽视理论教学片面强调劳动的弊病。在这一时期，大学生社会实践活动得到正确认识，成为培养人才的重要方法和重要途径，成为高等教育中一个重要的组成部分。在大学生社会实践探索期，大学生社会实践已经具有了生命力，重点是推动这项活动的制度化、规范化建设，充分发挥社会实践在新的形势下对青年学生成长成才的重要作用。这一时期的文件围绕这一主题对如何促进大学生社会实践发展进行了详细的规定。在大学生社会实践新的历史时期，两个重要的文件对大学生社会实践进行了总体规划和安排。尤其是《中共中央宣传部、中央文明办、教育部、共青团中央关于进一步加强和改进大学生社会实践的意见》是新时期对加强和改进大学生社会实践全面的指导，其对大学生社会实践的理论和操作都进行了详尽的阐述。在这些政策的指导下，改革开放以来大学生社会实践取得了显著的成绩。这些政策也启迪着在深化大学生社会实践的过程中，必须进一步强化政策的基础保障作用，更希冀强有力的政策能够进一步促进大学生社会实践的发展。

2. 制度保障是大学生社会实践的核心

制度化是保障大学生社会实践取得实效的核心，只有有序的制度运行才能使社会实践最大化地实现其目标。

（1）大学生社会实践规章制度不断健全。大学生社会实践成功与否，取决于前期的宣传、发动、策划，而效果如何取决于运行和后期总结。只有将宣传、发动、策划、运行和总结等实践的各个环节纳入到同一的社会实践活动制度中，形成系统的运行体系，才能保障社会实践的顺利运转，才能增强大学生社会实践的效果。

改革开放以来大学生社会实践的规章制度不断健全，形成了相对完善的工作方式。在国家关于大学生社会实践的政策指导下，各级组织机构逐渐形成了关于大学生社会实践工作的具体规章制度。省市级层面包括《青年创新创业政策》、《分类引导青少年办法》、《青年少年文化品牌管理》、《青年马克思主义者培养工程办法》、《希望工程管理办法》，等等。校级层面包括《第二课堂品牌活动实施细则（试行）》、《第二课堂学分制管理实施细则》、《新型团组织管理办法》、《学生社团联合会相关工作制度》、《志愿者管理办法》等等。院系级包括《学院品牌活动管理规定》、《学生会、青年志愿者协会管理办法》、《重点活动组织流程规定》，等等。具体的规章制度更有效地保证了社会实践活动的组织、开展，增强了大学生社会实践的有效性和实效性。

（2）大学生社会实践的发展需要完善的制度保障。改革开放以来，大学生社会实践制度对大学生社会实践起到了核心保障作用，要做好未来的大学生社会实践同样应当抓好大学生社会实践制度建设。尤其是关于大学生社会实践的指导思想、方针原则、目标要求、形式内容、方法途径、评论关闭考核等方面。高校之间差异较大，存在明显差距，也在一定程度上缺乏制度设计的科学性。大学生社会实践作为大学生思想政治教育的重要方法，在制度建设上必须随着时代的发展不断修订，使其贴近社会发展的实际、高校发展的实际和学生发展的实际。

高校首先应当遵循党和政府关于大学生社会实践的政策，将社会实践列入教学计划，使之成为大学生的一项“必修课”。同时，在此基础上细化大学生社会实践制度，包括社会实践的管理、组织、总结、评比，等等。对于各项制度而言，省市级的大学生社会实践管理部门应当有相对统一的设计和运行保障。各个高校也可以根据学校特色制定大学生社会实践的具体制度细则。这既能保障制度的相对统一性，又能保证制度的灵活性。只有如此，大学生社会实践才能真正成为教学的延伸，成为培养人才的有效途径，才能有力推动大学生社会实践的全面、有序开展，克服当前大学生社会实践中存在的一些不良现象。

3. 组织保障是大学生社会实践的关键

改革开放以来，大学生社会实践取得的成绩离不开组织保障。这其中包括组织机构的健全，组织管理方式的不断发展和创新，以及组织运行机制的健全和发展。

（1）大学生社会实践组织机构不断健全。大学生社会实践应当有自上而下的组织机构全面负责大学生社会实践活动的组织、实施以及监督和评价。大学生社会实践的发展历程就是从自发到自觉的过程，在此期间，社会实践的组织机构从无到有不断健全。应当说，当前大学生社会实践组织机构已经形成了四级负责制。中央各部门，包括中宣部、国家教委、团中央作为大学生社会实践的主管单位，主要从方针、政策等宏观方面规划大学生社会实践。省市主管单位，包括宣传部、教委、团委主要从中观的层次，一方面领会和传达中央政策，另一方面根据地方特色制定大学生社会实践的内容，把握大学生社会实践的原则和方向。校级主管部门，包括团委、教务处、学生处、宣传部，主要是具体负责大学生社会实践，以中央和省市的要求作为工作的原则和重点，开展具体的大学生社会实践活动。在校级主管部门中，团委作为大学生社会实践的中心牵头部门，引领学校社会实践活动；教务处主要负责以专业实习和科研创新为主题的社会实践；学生处主要负责学生管理工作，针对学生管理开展一定的社会实践活动；宣传部以思想政治教育为导向负责开展思想引领方面的社会实践活动。院系级大学生社会实践活动以院系团委为中心组织单位，由分管副院长和副书记具体指导团委开展社会实践活动。院系团委是基层的大学生社会实践组织单位，与学生的接触最多，组织的社会实践活动参与度最广，既要完成学校大学生社会实践的计划，也要根据院系特色开展具有感染力和吸引力社会实践活动。

（2）大学生社会实践需要组织运行的规范化。改革开放以来，大学生社会实践从自发到自觉，到有组织的发展，是组织规范的成绩。在这期间，大学生社会实践组织运行也在制度化、项目化、基地化、社会化和信息化等方面进行了许多有益的探索。大学生社会实践的组织管理不断加强，对大学生社会实践宣传、动员、运行、总结等多个环节进行了跟踪管理，并每年评比大学生社会实践的成绩，总结大学生社会实践的效果。大学生社会实践组织机构应当统一协调，促进大学生实践组织运行的规范化。有效的组织，不仅减少了中间过程人力、物力、财力的损耗，也有利于社会实践中的多方信息沟通，做好协调组织工作。政府层面，可以设立组织机构协调大学与企业之间的关系，为大学生社会实践活动建立基础。例如，一些由产业界、政府、大学参加的共同研究中心或者联合公司，可以通过大学和民间企业的共同研究促进大学与社会的合作关系，为大学生参与相关社会实践活动提供机会。同时，政府的社会实践组织机构还应当致力于大学生社会实践的规划和导向，为高校开展大学生社会实践提供指导。改革开放以来，许多品牌性的大学生社会实践都得益于政府主管部门的支持和引导，如大学生西部计划，“挑战杯”赛事，等等。

第四章

当前大学生社会实践存在的问题及原因分析

改革开放30多年来，大学生社会实践已经取得了显著的成绩，但也存在一些不可忽视的问题。本章在回顾历史的基础上，就大学生社会实践的现状进行探究。

当前大学生社会实践并非尽善尽美，大学生社会实践仍然存在一些不容忽视的问题。笔者在2013—2014年通过调查问卷、走访、座谈等形式，收集了一些关于大学生社会实践的成果，同时也在不断概括当前大学生社会实践存在的问题，并努力探寻影响大学生社会实践效果的原因。

一、当前大学生社会实践存在的问题

问题始终是引领我们前行的现实条件，有问题才会有改进、才会更完善。当前大学生社会实践存在的问题，主要包括以下几个方面。

（一）大学生社会实践存在一定程度的形式化

关于大学生社会实践形式主义的问题，在一些学校一直存在，虽经过努力有所改变，但这一问题目前仍然不容忽视。大学生社会实践存在形式化具体可以表现在以下几个方面。

1. 一些社会实践重计划轻实施，缺乏有益的总结

社会实践重要的是参与，是实践过程，通过实践能够有所收获。当前这个方面存在的问题是：

（1）一些社会实践活动重计划轻实施。计划是社会实践活动是否可以顺利开展的关键，从社会实践活动的主管人员到学生都以计划完备、详细为目标，以获得开展活动的资格，并凭借优秀的计划书争取活动经费；而在活动具体开展的阶段，就会因为场地限制、活动参与人员培训不够、缺乏监督和指导等原因，简略活动实施过程。计划非常漂亮，过程非常简单。例如，一些社会考察类社会实践活动，计划原定 5 天，而实际活动开展则缩水为 3 天。一些调研类社会实践，计划发放调查问卷 500 份，实际可能仅发放 100 份。

（2）一些社会实践活动重计划轻总结。在论文写作的调研阶段，笔者通过与一些大学生的座谈，并查阅一些社会实践资料发现：一些社会实践活动的策划书比总结报告更全面，而且总结内容较为单一。例如，一些校内文体社会实践活动，组织者主要是从活动组织成功与否进行总结，对获奖学生进行颁奖表彰，而对于这些文体活动如何影响大学生却鲜有涉及。笔者曾参加了一次学院社会实践活动的总结大会，这次活动持续时间在一个月左

右，参与学生约200人，而在总结大会时，学生却寥寥无几，连组织活动的院团委书记也没有参加。这样的社会实践活动在学生中产生的影响可谓是从有到无，并没有起到好的引导作用。一些校外社会实践活动，组织者更重视媒体是否关注，活动设计得轰轰烈烈，但活动过程却虎头蛇尾，往往是兴高采烈地出发，静静悄悄地回来。学生参加活动时热情洋溢，但在实践过程中却敷衍了事。实践结束后又投入繁忙的学习中，很少对实践的成果进行认真总结、消化。这就在很大程度上减弱了社会实践活动的效果。

2. 一部分大学生在实践中的畏难情绪使实践过程形式化

目前在校的大学生普遍是“90后”，他们欠缺实践能力和动手能力。这一代大学生绝大多数是独生子女，从小受到家人的呵护，成长环境好，缺少挫折教育。他们在实践活动中的畏难情绪主要表现为：

（1）在组织活动过程中，部分学生出现眼高手低的情况。一些大学生在实践中由于缺乏对实际情况的了解，也不愿花时间和精力去发现问题和解决问题，使得实践内容大打折扣。一些大学生在参加社会实践前制定了较高的目标，希望自己在实践中能够学以致用或者能在实践中学习专业技能、提高综合素质；而当他们进入社会实践后，由于缺乏对实践环境、实践难度的预判，在实践过程中往往不能深入到实践中。尤其是现实与理想出现差距时，一些学生选择回避，不愿意虚心向社会学习，认为社会实践不过如此，难以真正融入社会实践。

（2）部分大学生缺乏协作意识和团队意识。这一代的大学生大多是独生子女，自我意识较强，都认为自己是个人领袖，缺少与人合作的意识；而大学生社会实践往往需要团队合作完成，如果化整为零就难以起到好的效果。一些大学生还缺乏交际意识，缺少礼仪常识，难以进行团队沟通、交流和对外沟通、交流。由于缺乏协作意识和团队意识，这些大学生在社会实践中往往会不遵守预定的实践分工，在实践中由于力量分散导致实践效果弱化，这就使得社会实践不能达到预期的目标，进而完成预期的任务。

（3）部分大学生缺乏吃苦耐劳精神，不能适应社会实践活动的艰苦环境。例如，一些假期的社会实践活动成为大学生的旅游活动，部分大学生社会实践小分队在实践中并没有真正深入基层去体验生活，而是希望有单位接待，住宾馆、吃美食、观美景。笔者也曾多次带队学生参加暑期“三下乡”活动，在农村走访时，许多来自城市的大学生五谷不分，害怕蚊虫叮咬，害怕太阳暴晒，对于调研根本无法完成计划目标。最后看到的社会实践效果就是一些社会实践团队的集体照、文字调研报告、实践单位的证明信这样一些形式化的东西。

3. 一些社会实践缺乏专业指导致使实施过程走过场

大学生社会实践活动缺乏教师指导，靠学生单打独斗难出成效。这主要表现为：

（1）能获奖的活动给予专业指导，普通活动自己完成。一方面，一些高校对于品牌性的大学生社会实践活动或有望在全国、全市取得成绩和荣誉的大学生社会实践活动才能保证聘请相关领域和专业的优秀教师进行指导。另一方面，高校的专业课教师一般也不愿意参与到大学生社会实践活动指导工作中，认为这应当是学校学生管理部门的工作。尽管许多高校都规定了教师参与学生专业实习、教学实践指导的具体政策，但还是有很大一部分大学生社会实践活动脱离专业指导。

（2）管理人员兼任专业指导效果不好。学院级的社会实践活动一般由团委书记带队负责，其既是管理人员也是指导教师。这些带队老师在实践中多数起到了很好的组织、管理作用，能够保障活动的顺利完成。但社会实践活动由于缺少专业老师的指导，没有科学的调研方法，调研过程也随意设置，学生在实践中遇到的专业问题也不能得到及时的解答。例如，每年假期举行的“三下乡”社会实践活动、“四进社区”社会实践活动、“带薪实习”社会实践活动，多数由各学院的团委老师或学生所在年级的辅导员带队负责。管理人员更多是从学生活动的组织和安全保障出发，很难给予专业的指导。

（3）学生自主社会实践缺乏专业指导。一些大学生个人组织的社会实践活动，没有专业的指导保障，只能是“摸着石头过河”。在没有专业指导的情况下，大学生社会实践活动只能说从形式上完成了，并不能说达到了预定的效果和目的。例如，一些大学生自己组织的创业社会实践，做得好的可以给自己带来经济收益，做得不好则会带来经济亏损。但很少有大学生在创业社会实践中去总结怎样完善创业方案，在经营过程中除经济收益外应当得到什么收获，等等。这些都应得到专业指导老师的点拨才能让大学生的创业之路变得更具有实效性，让大学生创业的内涵更为丰富。

（二）大学生社会实践存在一定程度的功利化

实践是知识的源泉，大学生社会实践作为培养人才的重要途径，在现实中可能成为高校宣传自身形象的载体，也可能成为大学生获得优秀称号或获得工作机会的敲门砖。

1. 一些高校盲目追求大学生社会实践获奖成果

对于每年开展的社会实践活动，都有国家级、省部级的组织单位对参与的高校进行总结、评奖。很多高校都希望通过大学生社会实践获奖来提高学校的知名度和社会影响力。各高校的社会实践组织部门如果能够在国家级、省部级的评奖中获得较好的荣誉无疑是对自己工作的肯定，同时也可为学校增光添彩。因此，高校也希望通过这些评奖活动增加学校自身的社会影响力，对于能够获奖的一些社会实践活动项目就高度重视，资金、人员投入多，新闻媒体宣传跟得上。在这一目标的指导下学校打造学校的精品社会实践项目，学院打造学院的精品社会实践项目，容易在大学生社会实践工作中出成绩；而一些见效慢、社会影响小的社会实践项目则往往处于无人问津的状态，在组织、策划以及实施过程中都难以受到重视。

2. 一些大学生参加社会实践的目的是获取利益

一些大学生参加社会实践的主旨并不是锻炼素质、提高能力，而是如何在活动中表现自己及团队，使自己能够在实践中脱颖而出。其功利性目的包括：

（1）获得评优、评奖的机会。一些大学生参与社会实践活动的目的就是评优，增加自己获得各种荣誉称号的机会。当然，学生在实践中表现自己无可厚非，能够在实践中检验自身能力，并在实践中获得锻炼机会不断提高自身综合素质。但如果学生一味将评优、评奖作为自己参加社会实践的目的，就扭曲了社会实践本身的含义。

（2）增加政治资本，为入党做准备。一些大学生认为成为党员能够促进自己未来事业的发展，因此在大学阶段就想争取为数不多的名额，把自己塑造成为一名中国共产党党员。社会实践活动成绩也是入党评判标准之一，他们在社会实践活动中就要表现自己，争取获得媒体报道或单位表彰，以得到更有利的条件进入党员发展队列。

（3）为出国做好资料准备。一些大学生希望大学毕业后出国深造，而国外高校特别看重大学生的社会实践经历。这些学生就为了让自己的简历更加丰富而参加各种社会实践活动，为申请国外高校奠定基础。因为功利化的目的，这些大学生就非常在乎社会实践项目的名称，并希望到一些好单位、大单位去。只要实践单位在自己的社会实践证明上盖好公章，就算完成社会实践任务了。对于一些参加社会实践的大学生热衷于寻求媒体报道的现象，访谈中的一名学生就道出了隐情："如果有媒体的关注，我们的实践活动就有更大的影响力。在实践优秀团队的评比和优秀学生干部等荣誉的评比中，就能有更多的筹码。"在当前许多社会实践中盛行的"潜规则"就是，为赚学分、为拿奖学金、为荣誉、为就业去参加社会实践，并且还要争取获得媒体关注，获得社会赞助。这就使大学生社会实践在一定程度上产生了刺鼻的"功利味"，使得社会实践失去了原有的含义。

（三）大学生社会实践的保障不完善

尽管政府和社会都非常重视大学生社会实践，但在现实中大学生社会实践的保障条件仍然不充分。

1. 大学生数量激增，高校社会实践场地和经费增加有限

中国高等教育快速发展，大学生数量激增，1977 年恢复高考

后全国大专院校录取新生 27.3 万人[①]；1978 年录取 40.1 万人，发展到 2011 年高考录取 675 万人，2014 年约录取 698 万人。

（1）高等学校在扩招的过程中，首要面对的就是学校教学场地、办公场地、生活场地和娱乐设施建设问题。在高校扩招、扩建的过程中，学生的校内社会实践场地本身就难以得到保障，学生活动中心、学生运动场的建设和学生活动设施的配备本身需要一定时间，同时这些场地、设施如何满足数量巨大的大学生群体也成为一个现实问题。在大学生人数剧增的情况下，每个学生所能使用的学校活动面积相对减少，学校场地难以满足大学生社会实践活动的要求。

（2）在学生数量不断增加的情况下，学生活动经费并未有质的变化。笔者在实地走访调研中发现，部分高校的学生活动经费仍然维持在 20 世纪 90 年代的水平。笔者所在学校院系学生活动经费每人每年 80 元，其中 30% 用于社会实践活动。在经费困难的情况下，大学生社会实践只能择优选择，选一些容易出成绩的项目，选一些各方面素质、能力强的学生组成社会实践队伍，而大部分学生参与社会实践活动只能靠自己寻求解决之道。

2. 社会实践与理论教育相比硬件条件保障较为困难

教育质量的提高应该是全面的、具体的，既包括实施“质量工程”提高教学质量，同时又包括人才培养质量的提高，培养大学生的实践能力和创新能力。“但目前从我国总体情况来看，普遍存在重视课堂教学而忽视课下实践的情况。各高校都把教学工

① 刘一凡．中国当代高等教育史略［M］．武汉：华中理工大学出版社，1991：190.

作作为学校的重中之重的工作认真组织实施，促进了学校教学水平的不断提高，但在学生的实践能力培养方面，学校缺少必要研究。”① 在实际工作中，社会实践的硬件条件不足主要表现为：

（1）社会实践缺乏统一、固定的场地。社会实践并不像课堂教学一样可以安排教室，通过教师教学用较为统一的标准衡量学生学习的成绩。社会实践的场地可能是变化的，今年选择某一单位作为实践基地，明年因为社会实践活动项目变化，社会实践基地也随之发生改变。

（2）社会实践没有固定的指导教师。社会实践不能像理论教育一样安排教师进行固定指导，社会实践常常根据活动项目需要临时在学校选任指导教师。目前大部分高校既没有专职的大学生社会实践指导教师，也并未对不同类型的社会实践选拔指导教师库。一些大学生社会实践活动在为获奖准备时才临时聘请专业指导教师，而大部分的社会实践活动是由学生代表邀请相关专业的教师进行专业指导。

（3）社会实践的物资不固定。社会实践缺少统一的物质安排，不同的社会实践活动对物质的需求不同。甚至一些社会实践活动缺乏物资，大学生开展社会实践活动的条件较为简陋。物资的不固定也在一定程度上造成社会实践中物资的浪费，每次社会实践活动都需要申请配备物资，而一些可以重复利用的物资由于无人保管、无场地保管也在社会实践活动结束后被随手丢弃。

---

① 邢强．当前我国大学生社会实践活动问题研究［D］．东北师范大学，2007：13.

3. 社会对大学生社会实践的支持力度不够

每年大学生社会实践活动都会走进企业、走进社会、走进农村，国家也明文规定各级党政机关应当全面支持大学生社会实践。但在实践中，社会大环境对大学生社会实践的支持力度远远不够。

（1）单位不愿接受大学生社会实践。一些单位把大学生社会实践作为一种累赘，认为学生实践时间短、实践能力弱，不能参与到实际工作中；或者怕承担大学生社会实践期间的安全责任，对参与实践的大学生反而需要指派专人进行指导、看护，浪费单位的人力、财力。笔者在2009—2012年参与了重庆市大学生带薪实习项目的带队工作，即使在市委、市政府高度重视的情况下，一些实践单位在联系过程中也仍然表现出对大学生社会实践的反感，一开始借口没有接到正式文件不予联系，在安排大学生社会实践中也会明确表示学生到单位实践只能做一些办公室文员工作。一些基层组织对大学生社会实践期待过高，总希望大学生能够为地区发展带来经济利益。例如，在新闻报道中一位团县委负责人就说道，农村的村支书和村主任对大学生暑期实践一般都不是很欢迎，他们就是希望有人能够带来项目和资金。这明显是不切实际的。① 而由大学生个人联系社会实践单位更是难上加难，在很多情况下只能依靠父母的社会关系才能找到接收的实践单位。因此，现在社会普遍存在这样一种现象，用人单位在选才的时候通常会抱怨应届毕业生缺乏实践操作能力，但又不愿意为在

① 安吉暑期大学生社会实践“热”之“冷”思考［N］. 安吉日报，2007-07-27.

校大学生提供一些实践机会，而把整个教育的任务推给高校。

（2）社会舆论对大学生社会实践存在一些偏见。部分媒体对大学生的认识比较片面，在媒体的引导下制造了“80后”、“90后”的概念，而这些在改革开放后出生的独生子女，大多数具备较好的生活环境，缺乏艰苦奋斗的作风，缺少精神信仰，被媒体称作“垮掉的一代”。2008年，汶川地震中“80后”们在救灾工作中频频亮相，才得到媒体的正名。媒体又将主要的锋芒指向了“90后”，大学生也不例外，当前高等院校的本科生基本上以“90后”为主体，媒体也普遍认为这一批大学生存在许多个性问题，对大学生社会实践报道主要倾向于暴露大学生社会实践中存在的问题。而大学生的父母也有很大一部分是反对大学生参与社会实践活动的。一些父母认为子女去参加社会实践存在不安全的因素。例如，访谈中一名大学生说道，刚放假时，她本想找份暑期兼职或社会实践项目锻炼自己，却遭到母亲的强烈反对，理由是：担心在外面不安全。“当时我真的很难过，我都那么大了，妈妈还拿我当小孩看，把我管得这么严。”一些父母认为，大学生就是应该在学校学习文化知识，考取各种资格证书为就业做准备。在媒体采访中一位父母就谈道，“做一些简单的社会实践对于孩子的成长没有任何积极影响，孩子应该做的是利用暑假的空闲时间继续学习，考些资格证书，为以后就业择业做准备”。

（四）大学生社会实践管理存在一定程度的非科学化

完善和科学的管理是大学生社会实践效益发挥的重要保障。在实际情况中，大学生社会实践管理还存在一些漏洞，影响了大学生社会实践作用的发挥。

1. 部分社会实践项目延续性不能保障

部分社会实践项目具有临时性，很难持续对大学生起到锻炼和教育作用。

（1）部分大学生社会实践活动受组织者兴趣、爱好影响，体现出个体偏好性。例如，有的高校社会实践组织者重文体活动，有的重创新活动，有的重志愿服务活动。对于组织者重视的活动，学校开展此类社会实践活动的机会就多，而当组织者更替后可能此类社会实践活动又处于冷门状态。目前学校并没有具体的制度保障每一种社会实践活动的比例，对于社会实践活动在培养人才过程中孰轻孰重的问题研究还不够。

（2）一些社会实践活动具有季节性。例如，学习雷锋活动，常常给人的感觉是“雷锋三月来了四月走”。在三月就集中开展一些志愿服务活动，而随后又减少这一类型的活动，造成了社会实践没有延续性。一些社会实践活动集中在某些纪念日集中开展，而忽略了日常的实践活动。例如，“12·4”法制宣传日，政法院校的学生在这一天就会集中突击开展法制宣传活动，但在日常的社会实践活动中，却存在忽视法制宣传内容的现象。

（3）部分社会实践基地使用延续性不够。在开展大学生社会实践过程中，社会实践基地化应当是保障社会实践活动能够持续、有效开展的重要平台。但在实际工作中，一些社会实践基地在签约后即处于闲置状态，没有发挥基地的孵化功能。部分社会实践基地属于“人情基地”，在高校与单位联系过程中受个人关系主导，一旦双方的领导调离岗位，基地就会名存实亡。部分社会实践基地离校区太远，以学校或单位的某个项目为契机和保障建立大学生社会实践基地，一旦项目结束，学校在组织大学生社会实践时就会面对高昂的实践成本。部分社会实践基地属于“过气基地”，在建立时因为社会热点问题而获得较多的社会关注，但一旦热点转移，这些社会实践基地就被闲置，没有保持社会实践活动的延续性和长期性。

2. 大学生参与社会实践情况难掌握

大学生参与社会实践活动的认定和统计存在一定的混乱现象。诸多文件中多次强调要将大学生社会实践纳入教学计划，以学分方式保证大学生社会实践的开展。对于教学类社会实践，实习、调研报告、毕业论文都被列入教学计划中，学生必须完成这几项实践才能获得学分。对于其他类型的大学生社会实践，在学分制改革过程中，也有许多高校将大学生社会实践列入了教学计划，大学生必须在四年中修满社会实践学分才能毕业。学生是否参加了社会实践，学生在社会实践中完成的调研报告是否真实，这些工作在实践中是较为复杂的。例如，对于教学实习，没有实行集中实习的专业，学校对于学生的实习没有专人进行管理和指导，对学生个人实习的情况是难以了解的。另外，调研报告的真实状况也令人担忧，许多学生使用同样的报告模版、报告数据，甚至实施方案抄来抄去。更有一些大学生直言：网络搜索已经成为一些社会实践报告撰写的信息来源。对于学生需要完成的社会实践学分，一些高校采取发放学分认证凭条的方式，学生收集满1个学分的认证即可向学院申报学分。这些活动凭条最终多是由一些学生干部掌握和使用，老师和学院只起到审查和备案的作用。在这个过程中，存在一些统计混乱、学生之间使用人情关系获得学分等情况。

3. 大学生社会实践缺乏系统性，参与人数有限

改革开放后大学生社会实践已经开展了 30 多年，在形式和内容上都得到了充分发展。但我们也不可否认，当前大学生社会实践活动仍然处于一种上级指令，下级实施，没有完全形成系统化的状态，难以满足大学生的个体需求，参与人数有限。虽然国家部委政策要求高校将大学生社会实践列入教学计划，大学生在四年期间应当参加一定时间的社会实践，但在现实中，受到各种因素的影响，社会实践的全面推进并非易事。

（1）大学生人数众多，而社会实践活动形式及容量有限。一些校内的社会实践活动主要以文体竞技为主，一些没有特长的大学生难以参加；而一些组织学生到社区服务、参观等活动往往有人数限制。即使是专业实习类的社会实践活动，一些高校由于实践基地不够、专业指导不够、实习经费不够等原因，也无法实行100%集中实习，而是一部分由学校提供实习场地集中实习，一部分由学生自己联系单位实习。对于自己联系实习单位的情况，学校也难以对学生的社会实践活动进行全面的一对一跟踪指导。

（2）由学校组织的大学生社会实践和由学生个体组织的社会实践没有进行有效衔接。对于个人参与的社会实践活动，学校难以进行承认和评价，只有在学生个体的社会实践活动产生一定社会效应的情况下，学校才能给予肯定。因此，一些个体的社会实践活动，由于缺乏监督和指导，学生往往是走过场，有的是通过父母关系获得实践单位证明，有些则是自己杜撰的实践内容。

二、当前大学生社会实践问题原因分析

只有认真面对大学生社会实践存在的问题，深入探究产生这些问题的原因，才能对增强大学生社会实践的效果做出有力的回应。

（一）社会对大学生社会实践存在偏见

改革开放30多年来，我国围绕经济建设这一主题进入飞速发展时期，举国上下以极大的热情投入到这场伟大的经济建设中。高等教育更是担负起培养社会主义建设者和接班人的重任，但在教育为经济建设服务思想的主导下使得“读书无用论”重新抬头，物质的富有和人的素质降低、精神贫乏形成强烈的反差。培养什么样的人，怎样培养人，成为国家和社会关注的焦点，高等教育应当探索教育与人的全面发展关系，教育应当是全社会共同的责任。在面对大学生社会实践问题上，剖析其原因，首当其冲的就是当前社会观念对教育和大学生社会实践的错误认识。

1. 社会普遍认为人才培养是高校的责任

改革开放使中国经济建设有了质的飞跃，而市场经济体制提倡优胜劣汰的竞争法则使得功利主义盛行，追求效益最大化成为市场经济主体的必然选择。市场主体都以利益的最大化为目的，在追逐利益的过程中，他们希望能够使用成熟的人才，减少在人才培养上的投入。因此，市场主体对于大学生社会实践持一种不情愿接受或抵制接受的态度，认为大学生不仅不能带来经济效益反而会消耗经济效益。即使是政府管理部门对接收大学生社会实

践也存在顾虑，其一方面认为大学生短期的社会实践不能独立承担单位的具体工作；另一方面还需要为大学生提供实践指导和较好的工作环境，而繁忙的具体工作使得单位难以承担培养大学生实践能力的责任。因此，社会舆论对社会分工有了一定的界限，企业的责任是发展经济，政府的责任是管理社会，高校的责任是培养人才。那么，企业和一些非教育的政府部门就不应当插足人才培养的事业，而应当做好分内工作。

同时，一些社会舆论对大学生社会实践的认识也存在负面的影响，使得企业和政府部门在接收大学生参与社会实践时会增加负担，降低效率。第一，认为大学生社会实践是添乱。大学生处于成长期，属于潜人才，其知识体系还没有系统化、全面化，实际操作能力较差，没有形成技能的动力定型。同时，大学生社会化程度不够，处于重要的分化、统一、再分化、再统一阶段，是形成价值观、世界观、人生观的关键时期。因此，大学生在实践过程中，在参与具体的挂职锻炼或带薪实习的过程中，确实存在一些问题，如因知识不足难以解决实际问题，操作能力不强需要熟悉工作流程，以及在人际关系的处理中不成熟等。由于大学生自身所处阶段的特点，接收其实践的单位就可能存在这样的观念认识——大学生社会实践就是添乱，原本一个人可以完成的工作，现在还需要一个专业的人员对大学生进行工作指导，浪费单位的人力、财力。第二，认为大学生社会实践是“走过场”。社会舆论普遍认为大学生社会实践时间短，很难沉下心进行实实在在的实践工作，很多时候都是流于形式，对于这种形式化的社会实践活动难以认同。例如，一些“三下乡”社会实践活动和“三进三同”社会实践活动，学生到农村的时间只有 3 天或 5 天，在较短的时间内要了解当地的民风、民情，为老百姓做一些力所能及的实事是很困难的。一些带薪实习或挂职锻炼也只有几十天或几个月的时间，刚到单位还没有熟悉情况可能就要离开岗位回到学校，所以短时间的实习或锻炼也只能是走马观花。同时，当前大学生也的确存在一些特殊性，大多数大学生成长的环境好，缺乏吃苦耐劳的品质和艰苦奋斗的精神，在实践活动中可能表现出对于实践环境和工作内容的挑剔。这也造成大学生社会实践接收单位只能安排一些简单的、容易的、安全的工作交给大学生，使得大学生社会实践活动变成“走过场”，不能完全深入了解社会客观情况。

2. 一些高校认为大学生社会实践是争荣誉而非打基础

某些大学生在社会实践中缺乏主体认同感，参与意识不够，一些成绩一般、能力一般的大学生难以得到实践锻炼机会。大学生的主体性问题是与教育价值趋向问题紧密相关的。

高校开展社会实践的目的是培养人才，促进大学生的全面发展，这就要求大学生社会实践应当紧紧围绕大学生这一主体。然而，高校在组织大学生社会实践时存在的问题是：

（1）部分高校组织一些具体实践活动时没有准确的目标定位。例如，有的领导认为大学生社会实践只是思想政治教育的一种形式，并不是一门独立的课程。大学生社会实践没有课时规定，没有教学计划，就可以择优开展。由于没有领导的重视，大学生社会实践不会摆上学校工作的重要日程，就不会制定实际的奖惩措施，经费也难以得到落实，大学生社会实践指导人员难以到位，日常工作无场地保证。同时也很难激发和调动大学生全面参与的积极性，影响大学生社会实践的发展。又如，在实际工作中，一些社会实践活动会脱离大学生主体的需求，出发点就是完成任务，让大学生在比赛中脱颖而出为学校争取荣誉。这种现实的、功利的出发点必然造成大学生社会实践活动参与面不广，一味选择优秀的学生、有特长的学生进行训练，而对广大学生群体来说则难以得到参与机会。这也使得大学生在一些社会实践活动中盲目追求亮点，追求媒体的报道，打造社会实践材料的重要性远远超过了社会实践本身。

（2）高校在组织大学生社会实践活动时体现大学生的创造性不够。大学生的主体性应当体现在大学生社会实践能够充分体现学生的个性特点，发挥学生的聪明才智上。在实际工作中，大学生社会实践活动能给予大学生创造性发挥的空间有限，许多社会实践活动在形式上和内容上都有一定的范本，要达到社会实践活动的检查效果就很难对此进行突破。对于大学生社会实践形式和内容的创新与突破，作为高校也承担着一定的风险，成功的突破可能创立一种新的模式，失败的突破就会丧失评奖的机会，同时也会受到媒体的责难。这就使得大学生社会实践活动在很大程度上不得不固守形式，对于学生的个性发挥十分有限，对一些学生个人发起的社会实践活动也持有一种“不提倡、不支持”的隐形态度。

3. 父母认为学习好是成才的最重要途径

现代人才的素质应当包含着政治素质、专业素质、实践素质和心理素质等。大学生是社会的潜人才，但在培养大学生成才的过程中，一部分父母的观念还是认为学习好，也就是智育，是衡量人才的重要标准或唯一标准。

（1）部分父母对子女的要求就是学好文化知识。持这种观念的父母普遍认为在自己身上没有实现的大学梦就应该在子女身上实现，他们求知若渴，认为子女取得好的学习成绩，把知识学好比什么都有用。父母对于大学生在学校表现以成绩来进行衡量，他们往往认为参加社会实践活动是工作以后的事情，没有必要跨阶段浪费时间。

（2）部分父母认为当前社会就业竞争大，参加社会实践活动不如多考证增加就业资本。事实上当前大学生就业难的问题较为突出，每年都有几百万大学生参与激烈的就业竞争。一些单位在选择人才时也提出了一些量化标准，如对学历的要求，本科生能做的要硕士生，硕士生能做的要博士生；要求外语四级、六级，计算机二级，等等。而许多行业在招录人才时也确实要求具有专业准入资格，如法官、检察官、律师必须获得司法考试资格证，会计师必须获得会计资格证等。因此，许多家长认为大学生在大学期间就应当学好专业知识，并努力获得各种专业证书，为就业作准备。但他们不知道社会实践是大学生应当具备的一种基本能力，是大学生全面发展的核心内容，没有参与社会实践的大学生就如井底之蛙，即使有较高的知识能力，但在综合素质上也会大打折扣，反而降低了自己的竞争实力。

4. 一些大学生缺乏参与社会实践的主观能动性

部分大学生对于社会实践的理解存在偏差，总是认为在大学参加社会实践是为了获得学分，获得评奖、评优的资格，参加社会实践是使得自己能够顺利毕业并获得一些“光环”的手段。这些大学生在参加社会实践的过程中喜欢做一些“面子工程”，但却缺乏对于实践的真正理解，在实践中难免“走过场”、重功利，难以在实践中提高自身素质，达到认识社会、了解社会，长知识、增才干，做贡献的目的。

（1）部分大学生不愿意参加社会实践。这与当前大学生的特点不无联系，大学生处于“心理断乳”期，相当一部分大学生并没有完成自己思想独立的升华，对世界的认识一知半解。当前“90后”大学生大多独立性与依赖性并存，“90后”在家长的呵护下长大，在青年期表现出叛逆思想，十分渴望独立，竭力摆脱家长的羁绊。同时他们自尊心强，有时还会自以为是。这些都反映出了青年希望从心理上改变过去依赖成人和受成人管束的状态。但“90后”的“心理断乳”并不彻底，在要求独立的同时，也依赖家长的帮助。这主要表现在两个方面：一方面是遇到各种生活、学习困难时感到心中无数，总是希望家长出面解决，长期在家长的庇护下成长的经历让他们习惯于依赖家长的帮助；另一方面是经济上靠家庭供给，尽管渴望独立，实际上又不怎么能完全独立，加上中国传统家庭观念中对于子女的“顺势”之爱也加重了青年对于父母的依赖性。当独立性和依赖性共存于大学生的自我意识中，就会激起强烈的矛盾。大学生这种自我意识矛盾的特点，就容易造成大学生对于参加社会实践认识不准确，没有意识到可以从社会实践中锻炼自己独立的品格，获得实践的知识和能力。

（2）当前有些大学生对于社会实践也存在几种不同的错误认识，这些错误认识都导致了大学生不愿意参加社会实践或敷衍参加社会实践的情况。第一，目前大学生普遍关心虚拟世界比关注现实世界多，大学生已经成为网络主力军，据统计，一部分大学生沉迷于网络游戏、网络社交，而非从网络中获取有用的知识。这部分学生把大量的时间耗费在网络中，对于大学生学习、社会实践活动都漠不关心。第二，一部分大学生更多地关心娱乐生活，对政治的淡漠和对现实的无奈，让他们把自己封闭在自我的世界，不愿意参加社会实践。这部分大学生认为现实是残酷的，了解越多越对现实失去了信心，不如享受娱乐时光。第三，一部分大学生还抱有超强的自我优越感，认为大学生是天之骄子，就应当在“象牙塔”里与世隔绝。这部分大学生不愿意走出学校，认为自己在大学已经能够学习到所有的知识和技能，参加社会实践没有实际意义。这些错误的认识，都将社会实践排除在外，使这些大学生的思想观念中缺乏对于人才素质的全面理解，缺乏对于人的全面发展理论的学习。

（二）大学生社会实践管理制度不够完善

大学生社会实践是一项系统工程，但是目前大学生社会实践没有形成稳定、系统的管理。这是制约当前大学生社会实践不断完善和发展的一个重要因素。

1. 社会实践管理缺乏有效的协调

目前大学生社会实践缺乏统一、协调的管理，导致大学生社会实践出现“多头管理”或无人管理的情形。学校主管大学生社会实践的部门包括教务处、学生处、宣传部、团委，这些部门都不同程度地分管、组织一些类型的大学生社会实践活动。每个高校各部门具体组织和管理的大学生社会实践活动不尽相同，如笔者所在的高校教学类社会实践活动一般由教务处统一组织和管理，勤工助学类社会实践由学生处组织和管理，宣传、报道类社会实践由宣传部组织和管理，文体类、志愿服务类、创新创业类社会实践由团委组织和管理。在实际工作中，由于部门间缺乏有效的主导和协调，一些社会实践活动可能就处于“多头管理”的情况，管理部门各自为政，多次统计活动参与数据，信息发布不统一误导参与者，同时需要参与者多次向上级主管部门提交活动申报材料。例如，对于勤工助学各个管理部门都有所涉及，有的校属单位需要寻求勤工助学的大学生不是通过学校统一平台发布信息，而是各自贴出招聘信息，而一些社会团体和组织利用学校信息发布的漏洞冒名发布虚假勤工助学岗位信息误导大学生。对于创新、创业类社会实践，学生处、团委、教务处、科研处都有所涉及，一些高校团委开辟了学生创业园、教务处负责大学生创新团队和创新课题申报、审批，学生处管理大学生职业规划、创业成才等社会实践活动，科研处提供科研课题和科研经费管理大学生科技创新，因此这些部门管理内容之间就存在交叉重复的问题。目前对于大学生个体社会实践，多数处于无人管理的状态，学校没有规章制度对大学生自己组织、参与的社会实践予以认定。

2. 大学生社会实践组织运行不够系统

目前高校大学生社会实践组织程序不够系统，使得大学生社会实践活动显得较为松散。大学生社会实践活动处于一种任务式安排或自由式安排的非系统化组织实施状态。

（1）高校目前没有开设大学生社会实践指导课程。改革开放30多年来，政策文件多次肯定了大学生社会实践的重要性，大学生社会实践活动也如火如荼地开展。但从剖析当前大学生社会实践存在问题的原因来看，我们却发现许多大学生对于为什么要参与社会实践并不清楚，受各种社会思潮的影响，大学生社会实践的意义似乎脱离了本源。对于大学生社会实践如何具体开展，每一个类型的社会实践活动具体组织、实施、总结程序何如，在实践中也总是“摸着石头过河”，缺少规范化的指导。一些大学生社会实践活动从动员到实施的时间太短，学生还没有了解实践的内涵，就要参与其中，在活动过程中势必难以得到百分之百的收获。例如，每年开展的“三下乡”社会实践活动，在高校6月开始宣传动员，7月就开始组织实践。大学生看到的是“三下乡”社会实践的文件，包括主题内容、时间安排、总结要求等具体规定事项。但“三下乡”究竟是什么，对大学生综合素质的提高有何作用，在实践中应当如何去获得更多的收获？面对这些疑问，学生通常是依靠网络搜索或者从师兄师姐的经验中获取答案，而千篇一律的网络答案和自己也不是十分清楚的口口相传告诉他们的仅仅是“三下乡”应当具有哪些活动形式，调研报告、总结材料的写作模板等。但对于如何在“三下乡”社会实践活动中做到了解社会、增长才干、做贡献，促进自己的全面发展方面却显得十分薄弱。对于刚进入大学的新生而言，他们将面对和高中完全不一样的学习、生活，社会实践将成为学习的重要内容，这与高考指挥棒之下的高中学习完全不同。在这个阶段的大学生应当得到参与社会实践活动的指导，使其了解大学生社会实践的基本理论和具体方法。

（2）大学生社会实践的组织管理还未实现网络系统管理。当前高校并没有一个统一的网络管理系统统一发布大学生社会实践活动信息，宣传大学生社会实践政策，收集大学生社会实践信息，展示大学生社会实践成果。大学生社会实践和高校教育相比，在网络开发方面还处于十分落后的阶段，各个社会实践管理部门各自为政，没有形成统一的网络管理系统。大学生难以分辨各种不同的社会实践信息来源，也难以在众多的社会实践活动中找到适合自身需要的项目，大学生社会实践主体间的沟通就会出现一定的困难。沟通是人与人之间通过信息交流而相互学习和相互理解的活动。没有社会实践主体之间的沟通，就会出现社会实践活动的不匹配现象，即学校举办的社会实践活动找不到真正想参与的同学，而同学想参与的社会实践活动学校又没有机构来组织。同时，缺乏统一的大学生社会实践网络管理系统，则难以统计大学生参与社会实践活动的具体情况，一些纸质的参与证明在实际工作中容易遗失或误填，而对于大学生自己组织的社会实践活动学校也难以掌握情况。这就造成学校对于大学生参与社会实践的整体情况和个体情况都难以进行统计和观察。

（3）大学生社会实践检查制度不健全。当前大学生社会实践缺乏有效的跟踪、检查，使得一些大学生社会实践活动流于形式，对于活动效果没有进行有效的评估。例如，对于一些假期社会实践活动，高校往往采取开学后递交一篇社会实践报告和单位证明的方式检验社会实践成果，对于报告一般只有字数规定，对内容则没有具体要求。高校对于众多的大学生社会实践报告，缺少专门的教师队伍对之进行有效性评价，难以得知大学生在社会实践活动中是否得到了锻炼和提高。实际上，一些大学生发现了社会实践工作中检查制度的漏洞，在实践中并没有真正进行调研、分析，而是从网上摘抄调研报告。

3. 一些大学生社会实践缺乏有效指导

大学生本身属于成长期，既有知识储备不足的问题也有缺乏社会经验的困难。因此，大学生社会实践活动必须得到有效的指导才能更好地彰显其意义。但在实际工作中，一些大学生社会实践活动没有指导教师或指导乏力，导致实践效果不佳。

（1）一些大学生社会实践活动没有指导教师。如果社会实践活动缺乏组织前的引导和过程中的指导，就会导致大学生到了实践地点，对社会实践活动比较茫然，对一些活动中出现的新情况、新问题更是无所适从。这样的社会实践活动完全依靠大学生自身的能力完成，这虽然可以充分发挥大学生的主观能动性，但也使得一些大学生在实践中走形式、不认真，同时对于实践中存在的问题认识不足，使得实践效果不佳。

（2）缺少有效指导导致大学生社会实践出现负面效应。大学生社会实践的一个重要意义是使大学生在走向社会的过程中与生产劳动和人民群众相结合，使大学生能够适应社会并勇于承担社会责任。但不可否认的是，社会是一个复杂的多元体，大学生在实践活动中既能看到改革开放的伟大成果，也难免会遇到一些与理想和学校的教育不符的现实状况。这使有些正处于自我意识矛盾调节和整合期的大学生不是增强了自己的历史责任感和使命感，而是产生了一定的悲观和丧气情绪。在看到基层工作的艰苦环境后，一些大学生不仅没有培养起自己的社会责任感，反而产生了不愿到农村、不愿下基层工作的心理。对于社会中的负面现象，一些大学生会简单归结于社会制度问题，动摇社会主义信念。对大学生在实践中出现的这些情绪问题、认识问题，如果我们不及时予以指导，就会使这些大学生偏离社会实践的真正方向，使大学生社会实践活动出现负面的效果。

（3）大学生社会实践缺乏专业指导难以提高学生的专业能力。大学生社会实践不仅需要组织指导，还需要专业指导。组织指导主要是从管理的角度和培养大学生政治素质和道德情操的角度出发，提高社会实践活动的效益。专业指导是从提高大学生专业能力的角度出发，提高社会实践活动的效益。只有二者有效协调，并行努力才能使大学生在社会实践活动中得到全面的锻炼，促进大学生的全面发展。例如，在带薪实习、挂职锻炼、社会调研等大学生社会实践活动中，大学生都会碰到专业问题，对于如何在工作中发挥自己的专业特长解决实际问题是实践的核心，如果没有来自学校的专业指导，学生在工作中就会缺乏强有力的支持，在实践中遇到专业的疑难杂症不是望而却步就是乱开药方，导致实践效果不佳。

（三）大学生社会实践机制还不够健全

大学生社会实践机制是在遵循一定工作机理的基础上相互作用所形成的比较稳定的关系及其内在运行过程和方式。

1. 大学生社会实践评价机制存在一定问题

目前高校大学生社会实践评价机制存在一定的问题，主要表现在以下几个方面：

（1）评价标准不够完善，导致评价偏于形式化。在笔者的随机调研过程中，59.79%的大学生反映在社会实践活动中没有获得过任何表彰，88.28%的受调查大学生认为大学生社会实践评价偏重于形式。调研结果反映出目前大学生社会实践评价标准不够完善，存在偏重于形式考察的问题。例如，一些社会实践活动评奖要求3000字以上的活动总结，图片、视频资料，个人心得体会，中央级、地方各级媒体报道等，可见，在参与评奖过程中精美的总结汇报材料占据了评奖的主要地位。每一个由学校组织的社会实践活动都设有一定比例获奖名额或优秀名额，本意是在鼓励大学生积极参与社会实践活动，表彰优秀的社会实践参与者。但在实际工作中，评价标准并不能完全衡量大学生的社会实践表现情况，出现偏向形式化考察或者因表彰名额有限对于同样表现的大学生难以取舍的问题。

（2）评价后缺乏宣传。对于大学生社会实践评价结果，除了获奖大学生，学校也缺乏对其他学生的关注。大学生社会实践活动没有得到很好的宣传，在大学生中产生的积极影响不够。一些社会实践活动每年开展，但没有参与过的大学生仍然不知道这些社会实践活动究竟是做什么，对自身成长有何帮助。一些才开始出现的社会实践活动，如创新、创业主题的社会实践在大学生中的影响力也较为薄弱，大部分低年级的大学生对什么是科研课题、什么是挑战杯、什么是创新科技、什么是职业规划等实践活动不了解。社会实践活动评价结果宣传不够，直接降低了社会实践活动的影响力和吸引力，低年级的大学生不关注，就不会积累知识和能力去参与这些社会实践活动。

2. 大学生社会实践反馈机制不健全

大学生社会实践主体之间需要有良好的沟通，让主体间的信息可以有效地进行反馈。如果反馈机制不健全，就会使得大学生社会实践主体各行其是，难以互相理解，降低大学生社会实践的实际效果。当前大学生社会实践反馈机制存在的问题主要在于以下两个方面：

（1）大学生社会实践信息反馈不完整。一些大学生社会实践活动由于参与人数、情况统计困难，使得大学生参与社会实践活动的状况并没有反馈到组织者的信息库中。组织者很难对其社会实践活动表现进行评估和肯定。组织者更多地关心社会实践活动获奖的参与学生以及在社会实践活动中表现优异的参与学生，在一定程度上忽略了对于参与者的鼓励和肯定。另外，学校对一些大学生个体组织的社会实践活动也很难进行统计，大学生难以将个体进行的社会实践情况反馈给学校。这样一来，学校就会在一定程度上质疑个体社会实践活动的真实性，从而并不提倡一些大学生个体社会实践活动的内容和形式。例如，个别大学生在假期徒步回乡，或者骑自行车穿越青藏线等社会实践活动，学校出于对大学生个体安全的考虑并不提倡和鼓励。

（2）大学生社会实践评价结果回馈不完整。大学生社会实践评价结果回馈给大学生个体的渠道并不十分畅通。在社会实践活动结束后，学校对于个体在社会实践活动中值得肯定的情况和存在的问题并未一对一反馈给大学生。一些社会实践活动结束后，除证书肯定以外，参与者并未得到来自学校的实践鉴定，这使其很难在以后的社会实践中克服自身存在的问题。

（四）大学生社会实践模式创新不够

模式需要把解决某类问题的方法总结提升到理论高度，大学生社会实践模式就是对大学生社会实践的内容与形式的高度概括和总结。当前大学生社会实践模式有学校主导的社会实践和学生主导的社会实践。学校主导的大学生社会实践是学校根据上级大学生社会实践管理机构的指示和本校的教育理念和特色制定相关的大学生社会实践活动内容，让大学生参与其中。这样的大学生社会实践以学校组织为主，表现为各种主题的大学生社会实践，以活动的形式去寻找参与大学生，可以简称为“以活动找人”或“主题本位型社会实践”。学生主导的大学生社会实践是大学生根据自身的能力和特长，自主设置活动内容，在学校的指导和监督下完成社会实践活动，可以简称为“以人组织活动”或“能力本位型社会实践”。

当前，“主题本位型社会实践”存在的问题主要是：它是一种少数人参与的模式，只有少数学生通过社会实践锻炼自己，满足不了全体大学生的社会实践需求，并且容易流于形式，缺乏持续性、层次性和多样性。目前一些高校主要对部分社会实践活动进行重点扶持和指导，对全面的大学生社会实践还没有建立起有效的指导体系，导致大多数学生缺少参与社会实践的积极性。这部分同学很难参与到学校组织的社会实践活动中，得不到实践的锻炼。在主题本位指导下的一些大学生社会实践活动与学生实际成才需要之间的脱节。主题本位指导下的大学生社会实践不是以学生为中心，一些社会实践活动主要是为了完成任务或获得优异成绩。由于缺乏对大学生社会实践的系统规划，缺乏根据大学生的专业特点、学习阶段特点和能力特点进行设计，一些具体的社会实践活动就显得重点不突出、目标不明确。这样的大学生社会实践活动就难以融入大学生思想政治教育内容，难以提高大学生综合素质并促进大学生的全面发展。

（五）高校对大学生社会实践研究不够

在操作层面上，大学生社会实践也在如火如荼地开展和进行，总体运行良好。但不能忽视的问题是，当前高校对大学生社会实践缺乏深入研究导致大学生社会实践系统化不够，难以增强大学生社会实践的效果。

1. 没有全面进行分阶段、分专业研究和制定社会实践内容

《关于进一步加强和改进大学生社会实践的意见》中明确指出，“高校要根据年度大学生思想政治教育的重点和各个层次、专业大学生的具体情况，像组织课堂教学一样，精心设计、周密安排

大学生参加‘三下乡’和‘四进社区’活动”。同样的社会实践活动对不同阶段大学生的培养内容应当有所区别，应该通过阶段式培养方法达到促进大学生全面发展的目的。但是，在实际工作中，一些社会实践活动针对大学生只有一次机会，如一些高校的“三下乡”社会实践安排在大二暑期进行，专业实习在大三暑期进行。这在一定程度上体现出了实践的阶段性，但这个阶段性是一种分裂的阶段性，处于低年级的大学生参加“三下乡”社会实践和处于高年级的学生参加“三下乡”社会实践具有不同的意义。低年级的学生更多地是去了解社会，体验改革开放的伟大成果，而高年级的学生则可以在实践中与其专业相结合，调研社会问题，或者利用自己的专业特长为地方经济社会发展服务。另外，一些社会实践活动忽视了不同专业的特点，在组织时往往盲目跟随活动主题，使活动内容显得大而空，使社会实践活动显得形式化。

2. 高校对各社会实践活动类型的比例研究不够

当前大学生社会实践活动类型较多，各种社会实践活动都有不同的实践意义和能力培养着力点。但目前，高校对各社会实践活动类型开展的比例研究不够深入，会出现一段时期内较为重视文体类社会实践，一段时期内较为重视志愿服务类社会实践，一段时期内又较为重视教学类社会实践等情况。大学生社会实践受到学校主体工作需要的风向标影响表现出不同的主导类型，而对政治教育类社会实践、教学类社会实践、文体类社会实践、志愿服务类社会实践、自主创业类社会实践各自应当在大学生社会实践中占据的比例研究不够深入。这些社会实践应当在不同的阶段、不同的专业都体现出不同的地位和作用，这样才能培养大学生的综合素质，促进大学生的全面发展。

第五章

增强当代大学生社会实践效果的对策

根据大学生社会实践活动中存在的问题及社会对大学生成长、成才的要求，笔者就如何增强当代大学生社会实践效果，提出以下对策。

一、全面重视大学生社会实践

在从“物”到“人”主题转变的背景下，教育主体应当转变思想观念，这样才能使大学生社会实践适应时代发展的需要，才能有助于人才培养和大学生思想政治教育工作。大学生社会实践是一项系统工程，需要得到来自政府、社会、学校以及大学生个体的高度重视。

（一）政府重视和保障大学生社会实践

政府应当高度重视大学生社会实践，从制度上保证大学生社会实践，从资金上支持大学生社会实践，加强对大学生社会实践的领导。

1. 强化大学生社会实践政策导向

国家政策是大学生社会实践的指挥棒，也代表着国家和政府的重视程度。

（1）以法律的形式规定大学生社会实践。法律是国家的最高行为准则，法律规定应当得到遵守。例如，1945 年后，美国联邦政府就通过修改《高等教育法》规定高校可以向美国教育总署申请建立合作教育基金；之后国会通过了《职业教育法》、《青年就业示范项目法》、《综合就业和培训法》等一系列法案。美国政府更是为大学生社会活动提供各种便利条件。① 对我国而言，国家可以通过修正《高等教育法》将支持大学生社会实践列入法条，明确政府、社会、高校的职责，并明确大学生参与社会实践的权利和义务。《高等教育法》作为高校最高的办学法律依据，将更加有力地保障大学生社会实践的发展。以《高等教育法》为基础，教育部可以制定有关促进大学生社会实践的一些法条和规章，从资金、项目等各个方面保障大学生社会实践的实施。

（2）政府应当把握大学生社会实践的宏观制度设计。在宏观制度设计方面，政府的职责是给予大学生社会实践一个总体框架，框架内容应当包括设置组织领导机构、提炼大学生社会实践目的、目标，架构人学生社会实践项目内容、安排大学生社会实践资金、规范大学生社会实践实施监督体系和效果评估标准。同

---

① 共青团北京市委员会、北京市学生联合会编著．跃动的青春——首都大学生社会实践二十年的工作与思考［M］．北京：人民出版社，2003：323.

时，政府应当允许社会团体、各类协会、社会组织接收大学生参与社会实践，并由专门负责大学生社会实践的管理部门对社会团体、协会组织和接收大学生社会实践的资格进行审查。充分吸纳社会资源，能够起到有益的补充作用，拓宽大学生参与社会实践的领域和范畴。

2. 加大对大学生社会实践的资金投入

大学生社会实践的开展离不开资金的支持。

（1）政府应当增加大学生社会实践活动经费的划拨。2012 年中国国内生产总值已经跃居世界第二位，但人均国内生产总值 2013 年仅排名第 89 位。大学生社会实践依靠大学生家庭支出显然有很大的难度，一部分家庭经济困难的学生难以支付校外社会实践的车旅费、住宿费以及其他生活、学习费用。因此，大学生社会实践应当有更多来自政府的支持，从中央到地方政府预算应当给予高校专项大学生社会实践费用。例如，美国高校学生社会实践资金来源主要包括联邦政府、州政府的预算支出，以及活动项目管理机构合作来源的各类协会支持。[①] 2011 年美国大学协会收到美国国家自然基金给予“循证改革的拓宽实施和示范”项目（Widening Implementation & Demonstration of Evidence Based Reforms，WIDER）一笔拨款，该拨款将专门用于为期五年的科学、技术、工程、数学专业本科生教育倡议项目。该项目已于 2011

---

① 胡树祥，吴满意．大学生社会实践教育理论与方法［M］．北京：人民出版社，2010：327.

年启动，将对协会成员学校的相关专业产生影响。[①] 对我国而言，政府也应当加大对高校的资金投入，设置社会实践专项基金，给予学校和社会实践接收单位相应的资金扶持。

（2）政府可以向学校和接收大学生社会实践的单位给予直接或间接的补贴。针对单个的大学生社会实践活动项目，政府可以给予临时的经费补贴，即使不能完全满足全面铺开大学生实践的需求，也应当重点保障并逐渐扩大支持面。政府在高校申请大学生社会实践活动项目时应当给予适当的经费支持，对于接收大学生社会实践的单位，政府应当给予一些政策保障，如税费减免或者现金补贴等，让接收单位在接收大学生社会实践中不会因为资金问题产生效益负担。

（二）社会关心和支持大学生参与社会实践

在各种社会组织、团体不断发展的今天，社会的力量是不可忽视的，其可在一定程度上支持大学生社会实践，补充政府资金、人力的不足。一些社会组织、事业单位、非政府组织、党群社团、非营利性机构、企业等应当成为招募大学生志愿者和接纳大学生开展社会实践的主体。社会关心和支持大学生参与社会实践，应当做到以下几个方面。

1. 媒体积极宣传大学生社会实践

媒体是“第四种力量”，在一定程度上引导着社会认知，形成舆论氛围。媒体对社会大众的看法起着重要的引导作用，甚至

---

① 美国鼓励部分大学专业开展实证教学实践［N］. 中国教育报. 2013－05－11.

在一定程度上左右着社会大众的认识。

（1）媒体应当积极宣传大学生社会实践，扩大大学生社会实践的影响，让大学生知道社会实践，让社会了解大学生社会实践。现代社会媒体的舆论力量变得非常强大，“权威意志隐藏到内容背后，通过操纵信息的取舍来左右大众，让大众按媒体的需要来编织思路”。对于大学生社会实践，媒体应当更为积极地给予宣传，鼓励大学生参与社会实践，并客观分析社会实践对大学生的益处。媒体宣传的正能量一方面可改变社会大众对大学生社会实践的认识，另一方面也能促使大学生更加自觉地参与社会实践。

（2）媒体应当塑造大学生社会实践典型，以典型促进社会实践的发展。对一些大学生社会实践的优秀项目，在学生中有一定的影响力，对社会发展也有一些促进作用。例如，大学生的文明宣传活动，可使大学生自身受益，也能对社会文明礼仪起到引导作用，促进社会文明发展。对这一类在学生中有影响力，对社会有益的社会实践项目，媒体应当给予宣传，扩大其影响。媒体对一些社会实践活动中表现优异的大学生应当给予关注和报道，让广大学生从此了解大学生社会实践，并以典型的力量鼓励大学生参与社会实践。

（3）媒体对大学生社会实践的评价应是多元的。既有正面的肯定，也要有理性的批评。尤其是一些大学生熟悉、关注的媒体平台，更应该具备媒体的理性。媒体应多组织一些关于社会实践的讨论专题，针对各类大学生社会实践进行深入剖析报道。应分析大学生社会实践的有益之处，包括社会效果、个体影响；同时也应分析大学生社会实践的问题、原因，并从媒体的角度分析对策。一些大学生比较熟悉并经常浏览的媒体，诸如微博、微信等新生的网络媒体平台，应当积极参与大学生社会实践的报道，让大学生群体能及时获得媒体对社会实践的反馈。

2. 社会组织、公司、企业等积极配合大学生社会实践

社会对大学生社会实践的重视应当包含积极组织大学生社会实践、配合大学生社会实践。

（1）社会组织应当力所能及地组织、策划大学生社会实践。“无论政治还是经济，任何社会的主体都是人。任何体制要生存和可持续发展，都必须把人当成主体。”① 一些非营利机构若需要志愿者，可以从大学生中选拔合适人员，为大学生提供社会实践机会。

（2）公司、企业应当积极配合大学生社会实践。公司、企业应当改变纯粹追求经济效益，忽视对人本主义的重视，同时，应当以开放、包容、接纳的态度对待大学生社会实践，而非排斥或拒绝大学生社会实践。社会组织、公司、企业等应当通过正规平台发布社会实践信息，或者与所在地区高校取得联系，由高校组织大学生参与社会实践。有条件的社会组织、公司、企业应当为大学生社会实践提供活动经费和其他物质保障。例如，美国一些知名大学办学经费的重要来源就是社会捐赠，公司、企业的捐赠充实了高校办学经费。一些公司、企业不仅给大学捐赠了巨额的办学经费，同时也为大学生参与社会实践提供丰富的物质资助。公司、企业可以为大学生社会实践提供机会，在经费上给大学生提供住宿、餐饮保证，有条件的可以为大学生社会实践按照时间

---

① 郑永年．保卫社会［M］．杭州：浙江人民出版社，2010：174.

和效益提供报酬。

（三）学校积极组织大学生社会实践

高校是培养大学生的殿堂，是做好大学生社会实践的直接组织单位，起到中枢纽带作用。人才培养，如果在德行上没有长进，知识的增长就是没有价值的。实践正是培养大学生德行的重要渠道，通过社会实践让大学生在社会中体验生活，培养爱国、爱民情怀。学校积极组织大学生社会实践应当做到以下几点。

1. 学校要做好大学生社会实践的组织和反馈

学校是组织大学生社会实践的“中转站”，一方面要履行中央和省市关于大学生社会实践的政策和规定组织大学生社会实践，另一方面要及时反馈大学生社会实践的成绩和问题。

（1）学校应组织大学生社会实践。学校要按中央和省市的政策和规定组织大学生社会实践。中央和省市既有关于大学生社会实践的政策，又有每年具体的社会实践活动的规定。这些政策和规定是高校组织大学生社会实践的依据。学校应及时将政府部门对大学生社会实践的安排有效的在全校同学中广而告之。对不同的社会实践活动制定不同的方案，做到社会实践活动的全覆盖。

（2）学校也可以按照学校的培养方案组织大学生社会实践，形成大学生社会实践特色。例如，师范类的高校以支教活动为特色，政法类的高校以辩论式社会实践活动为特色。同时，学校应该给予大学生必要的社会实践指导，包括开设社会实践指导课程，制订社会实践项目计划，并积极鼓励大学生自觉参与社会实践。

（3）高校应及时反馈大学生社会实践的成绩和问题。每一次大学生社会实践活动都应当有总结，包括大学生社会实践的成绩和问题。每一年大学生社会实践活动也应当有总结，并将这些总结及时反馈给省市大学生社会实践主管部门，如此便可有利于上级单位进行工作分析，不断完善大学生社会实践政策、规定和方案。

2. 学校应做好大学生与社会沟通的桥梁

大学已经不再是“象牙塔”，虽然我国的大学还有围墙将大学校园与社区相隔，但是大学需要社区，大学生参与社会活动已经是不可阻挡的潮流。学校在获取社会资源的同时，还应当发挥好大学生和社会的沟通桥梁的作用。

（1）高校应和社会组织、公司、企业等单位保持合作关系，为大学生争取社会实践活动机会。高校应积极和所在地的社会组织密切联系，建立校社合作的关系，向大学生发布社会需求的实践岗位。同时，高校可以专业为依托，与专业相关的公司、企业建立合作关系，为学生提供社会实践机会。

（2）高校应向社会提供一定的科研支持和人力支持，将高校最新的科研成果和教学成果转化为社会生产力。高校的产学研模式是大学生社会实践的一种重要方式，一方面能为大学生提供社会实践活动机会，另一方面也能为社会服务。

3. 设置大学生社会实践指导课程，增强大学生社会实践效果

社会实践指导课程是通过专门的课程学习，让大学生深入了解社会实践，使实践成为一种自觉，同时学习具体的社会实践操作方法，提高社会实践效度。社会实践指导课程应当涵盖三部分内容，理论指导、实务指导和实践活动。理论解决的问题是大学生为什么要参加社会实践？大学生有了对社会实践的充分认识

后，会主动参与社会实践，让实践成为大学生活中不可或缺的一部分。实务指导解决的问题是大学生能参与哪些社会实践，怎样参与社会实践？社会实践指导课程应当就大学生社会实践各类型的具体参与流程、注意事项、实践方法等进行具体指导，让大学生提前了解社会实践，增强社会实践的效果。实践活动部分，可以通过项目化招标的方式，向全校教师征集大学生社会实践项目。这些实践项目既包括思想政治理论课的社会实践，也包括专业课程的社会实践；既包括团委社会实践项目，也包括教师课题调研社会实践项目。通过项目优选，让全校教师参与指导大学生社会实践，并给予指导教师相应的课时报酬以提高教师参与的积极性。大学生通过社会实践指导课程的学习，能从实际的实践活动中强化学习内容掌握社会实践的方法和技巧。

（四）大学生自觉地参加社会实践

大学生应当具有参与社会实践的自觉性，通过社会实践进行独立的思考，无论是在公共领域还是私人领域，都应逐渐脱离家庭环境以适应学校环境和社会环境。大学生自觉地参加社会实践，应当从以下几个方面着手进行引导。

1. 学校教育应当转变观念，引导学生做一个社会的人

培养大学生应更多地注重实务性而非学术性，让大学生走出校园“象牙塔”，参与社会实践。

（1）大学生应当具备一定的专业素养，也应具备丰富的社会实践经验。如果学生的德行是“一种缺乏正义之爱的欲望，这种

欲望将最终颠覆当初建立起来的社会制度”。[①] 可见，培养大学生的品德与培养大学生的才能是同等重要的。个体的积极生活必须在社会环境中产生，作为现代社会的人应当进入公共生活的环境，大学生参与社会实践就是参与社会使自己成为社会的人和公共生活中的人。

（2）大学教育强化社会实践的重要性。学校可以通过开设大学通识课程、社会实践指导课程，通过班团活动等形式强化社会实践在大学生活中的重要性，强化社会实践对大学生成长成才的重要性。高校以培养实务创新人才为目标，就会以社会实践促进人才培养，营造浓厚的社会实践氛围，进一步吸引大学生参与社会实践。

2. 大学生应转变对于社会实践的自我意识

大学生要实现自我意识转变，应当通过学校学习认识到社会实践的重要性和必要性。

（1）大学生需要社会实践。当前的大学生，成长环境好，很少有机会参与实践，也很少遭遇挫折，他们处于青年期，非常渴望独立，希望摆脱家长的管束。实际上，当他们遭遇一些生活、学习的困难和挫折时就会不知所措，希望依赖家长帮忙解决，或者选择一些极端的解决方法。一些大学生甚至缺乏基本的生活独立性，在校的衣物都寄回家清洗，何谈参加社会实践的自觉性。大学生参与社会实践能够在大学生自我意识转变中起到重要作

---

① FRANCIS Wayland, Elements of Political Economy, 2nd ed. （1852〔1837〕）, quoted in William G. McLoughlin, ed. , The American Evangelicals, 1800 – 1900：An Anthology（New York：Harper & Row, 1968）, p. 126.

用，让大学生认识社会、了解社会，意识到自我意识矛盾的关键，主动修正自我意识中不正确的部分。

(2) 社会实践帮助大学生创新。学习是一个再创造和创新的过程，而不是简单地接受。参加社会实践应当成为大学生的自觉行为，没有实践就不能真正成才。社会实践不仅能巩固大学生的专业知识，还能培养其实际操作能力。社会实践也是激发大学生创造性的重要渠道，能不断提升大学生的生命感和价值感。这些都是大学生从学校走向社会，从“片面人”走向“全面人”的重要过程。通过大学生自我意识的转变，大学生能够认识到从封闭到开放，从依赖到独立，从感性到理性，都必须依靠社会实践。同时，大学生的理想自我与现实存在一定的落差，理想自我不经过社会实践的历练和修正就会成为空中楼阁。一些大学生就会因此感到迷茫、消沉，找不到大学发展的方向，没有努力奋斗的动力。通过社会实践，大学生可以弥合理想自我与现实自我的差距，形成自己的奋斗目标，并坚定前进的信念。

二、加强大学生社会实践的管理

好的管理能在有限的资源基础上进行有效的决策、计划、组织、领导、控制，更好地完成既定目标。大学生社会实践管理，是指主要负责大学生社会实践的高校做好大学生社会实践的组织、领导、监督、总结、反馈。

（一）优化大学生社会实践的组织

高校大学生社会实践组织机构的设置应当简单化、科学化，各个管理机构要协调职能和分工，保证有效开展大学生社会实践。同时，高校应当设置大学生社会实践指导课程，为其参与大学生社会实践进行专业指导。

1. 协调各个管理机构的职能和分工

高校的各个大学生社会实践管理机构应当整合资源、相互配合，协调做好大学生社会实践组织工作。团委、学生处、教务处、宣传部、体育部以及学院在组织大学生社会实践的过程中应当合理分工、协调配合。

（1）团委应当在学校指导下统领大学生社会实践。团委作为大学生社会实践的主要牵头单位，应做好大学生社会实践的组织和管理，以避免各个部门交叉组织大学生社会实践，不容易有效管理大学生社会实践。在所有的管理机构中高校团委应当主办或协助其他部门开展大学生社会实践，成为管理大学生社会实践的中枢，完成全校大学生社会实践的统计、归档，以及效度分析与反馈。团委开展大学生社会实践的重点应落实到社团活动、志愿服务活动，积极开展大学生“三下乡”和“四进社区”活动；同时培育学生自治组织，让大学生积极参与学校治理，培养大学生的政治责任。

（2）学生处以学生日常管理、招生就业为基础开展大学生社会实践。学生处是在校大学生日常事务管理部门，应当就学生处的各个职能开展大学生社会实践，主要内容可以结合大学生的就业方向组织创业和就业社会实践，为大学生提供就业指导，提高大学生就业能力。

（3）教务处着重就学生专业实习进行指导和管理，同时应对大学生社会实践学分进行审核和登记。

（4）体育部主要是大学生体育活动的组织单位。

（5）学院是大学生社会实践的直接组织者与管理者。学院团委和年级最为贴近大学生，了解大学生的实际情况，能收集大学生参与社会实践的第一手材料。学院团委和年级是大学生社会实践活动的直接组织单位，是大学生人才的直接培养单位。学院团委和年级组织一些有特殊才能的大学生参与校级、省市级或国家级的社会实践活动，也全面组织大学生参与各类社会实践活动。

2. 设立大学生社会实践服务型指导机构

大学生社会实践服务型指导机构可以高校团委为组织单位，汇集学校资源，为大学生社会实践服务。

（1）大学生社会实践服务型指导机构可以负责大学生社会实践事务的统筹安排，并向大学生发布社会实践信息，收集、汇总大学生社会实践信息，指导大学生参与社会实践。服务型指导机构面向全校学生，以服务的态度对待大学生，让大学生乐于参加社会实践。

（2）大学生社会实践服务型指导机构还应当做好大学生社会实践的咨询工作，对大学生提出的有关社会实践的问题进行耐心解答。通过遴选大学生社会实践指导师资库，制定咨询服务时间安排表，向学生提供社会实践政策、内容、操作等实践咨询。没有正确思想意识做指导的实践只会是盲目的实践。每个大学生参与社会实践都应有相应的老师对其负责。大学生参与社会实践前，老师会为其作详细指导，包括专业指导、心理辅导、社会服务指导。例如，在大学生带薪实习期间，指导老师每周会与实习单位及学生本人沟通，做到及时准确地把握学生的思想脉搏，了解大学生社会实践的成绩和问题。

（二）创新大学生社会实践管理方式

大学生社会实践管理应当网格化和扁平化，做到管理无漏洞，实现大学生在大学期间100%参与社会实践，同时，要保证大学生社会实践的效果，客观评价大学生社会实践的成效。

1. 实行大学生社会实践网格化管理

大学生社会实践网格化管理是通过网络系统，对大学生社会实践报名、参与过程、活动评价，以及评优、评奖进行系统跟踪和录入。网格化管理能够准确了解大学生参与社会实践的情况，对大学生个体进行纵向评估，对大学生群体进行横向评估。网格化管理需要高校开发相应的网络系统，便于学生、指导老师、管理人员及时登录。活动报名系统，能够全面记录大学生参与活动的基本信息，通过报名系统跟踪大学生参与社会实践的喜好。社会实践评价系统，由大学生录入参与社会实践的基本情况，并对社会实践进行“三评三审”。“三评”包括学生自我评价、指导老师评价与导师评价。学生自我评价体现大学生自己对参与社会实践活动成绩的把握，指导老师评价是社会实践活动指导老师对大学生在社会实践活动中的表现的客观认识，大学生导师评价是大学生的导师对大学生参与社会实践活动后出现的个体学习、生活、社会参与能力进步程度的客观认识。“三审”是辅导员审核、学院审核与学校审核。辅导员审核是辅导员对大学生社会实践评价结果的审查，包括大学生的社会实践日志、心得体会、总结、简报等，结合指导老师评价和导师评价做出审查结果；学院审核是学院根据辅导员做出的审核结果对大学生实践进行审查；学校审查是学校根据学院做出的审查结果对大学生社会实践进行审查，并给予大学生社会实践活动相应的学分。

大学生社会实践网格化管理页

个人基本信息栏						
姓名		性别		年龄		
学院		专业		年级		
个人兴趣与特长						
兴趣						
特长						
职业认证						
社会实践活动展示						
活动信息 / 活动评价与审核	序号	活动名称	时间	地点	组织单位	活动介绍
自我评价						
指导老师评语						
导师评语						
辅导员审核						
学院审核						
学校审核						

2. 实行大学生社会实践扁平化管理

大学生社会实践扁平化管理，是指减少管理层次、增加管理幅度，改变金字塔状的组织形式。

（1）大学生社会实践活动信息统一发布，网络报名减少报名的层级。一些社会实践活动没有必要经过层层报名的方式，主办方开通报名通道，就可以直接选拔有意愿参与的大学生。大学生社会实践信息的发布实现了无缝衔接，大学生就能够及时了解社会实践信息。这样能有效防止信息传递过程的失误，提高信息传递的效率，同时有效避免实际工作中因口口相传的信息传达方式导致的信息失真或流失。

（2）大学生社会实践的指导进行扁平化管理，使大学生群体都能够接受专业的实践指导，增强社会实践效果。学校通过遴选组成强大的教师队伍，可以利用网络平台和大学生社会实践指导课程平台为大学生提供优质的指导。网络咨询和指导能够打破时间和空间的限制，节省指导成本，为大学生社会实践提供直接、有效的专业指导。

3. 实行大学生社会实践“1 +1 +1”管理模式

学生社会实践“1 +1 +1”管理模式，是指每个大学生的社会实践都应当得到辅导员、实践指导老师和实践单位指导人员的共同管理。

（1）辅导员应当从组织、动员、监督大学生社会实践的角度进行大学生社会实践管理。辅导员的素质要求中应当包含社会实践指导。辅导员是直接与学生接触的学校管理人员，能够及时掌握大学生社会实践的状况，了解大学生通过社会实践发生的转变。

（2）实践指导老师应对大学生参与的具体社会实践活动进行指导，提高大学生社会实践效果，并对之进行客观评价。实践指导老师是从社会实践中涉及的专业问题为学生进行答疑解惑，提高他们社会实践的实效性。

（3）实践单位指导人员是大学生社会实践中的直接管理者，监控整个社会实践过程，对大学生社会实践效果具有最直接的发言权和建议权。实践单位指导人员可以从实践的具体工作对大学生进行指导，并及时与校方的实践指导老师沟通，使大学生社会实践的效果最大化。

三、拓展大学生社会实践的领域

大学生社会实践随着时代的变化应当不断拓展领域，创新形式。从当下社会发展和大学生群体特点的变化来看，大学生社会实践可以在以下几个方面有更多的作为。

（一）重视大学生创新、创业社会实践

创造力是人才素质的核心要素，是去发掘他人事先未曾觉察的事物之间的关联。创造力的重要体现就是创新，包括理论的创新和技术的创新。实践育人应当加强鼓励大学生创新，鼓励他们对专业理论研究的创新，以及对兴趣、特长和爱好的创新。

1. 鼓励大学生参与理论创新社会实践

大学生理论创新社会实践是大学生通过理论学习、热点阅读、社会调研等形式提出观点的创新或论证模式的创新。

（1）理论创新社会实践，让大学生能够在专业研究或社会研究方面做出理论贡献，激发大学生的研究兴趣，提前发掘研究人才。例如，“挑战杯”全国大学生课外学术科技作品竞赛自1989年以来就在全国大学生创新社会实践中占据着重要地位，通过竞赛培养了许多创新型人才。根据统计，竞赛获奖者中已经产生了

两位长江学者，6 位国家重点实验室负责人，20 多位教授和博士生导师，70% 的学生获奖后继续攻读更高层次的学历，近 30% 的学生出国深造。

（2）大学生具备理论创新的素质，能够通过研究产生成果。大学生学习能力强，处于学习高峰期，能够快速接受新的思想、新的知识。同时，大学生思维活跃，能发现问题，并能创新解决问题的方法。

（3）高校应当提供理论创新社会实践的机会，既要重点培养，也要激发全体大学生的理论创新兴趣。全国性的赛事毕竟参与人数有限，仅有少数人能从竞赛中脱颖而出，对整个大学生群体影响不够大。重视大学生理论创新实践需要营造理论创新的氛围，从面上培育理论创新的土壤。首先，增加大学生科研创新项目数量，从资金和专业方面指导大学生进行理论创新，对优秀的科研项目成果推荐发表，扩大大学生理论创新的社会影响。其次，鼓励具有理论创新潜质的大学生攻读更高的学位，提高其学历层次，保持大学生发展过程中理论创新的延续性。

2. 鼓励大学生开展创业社会实践

大学生创业社会实践，是指大学生在校期间利用空闲时间设计商业项目并加以运作，从中获得相关社会经验的社会实践活动。

（1）创业社会实践能够让大学生获得一定的经济回报。根据杰夫里·提蒙斯（Jeffry A. Timmons）所著的创业教育领域的经典教科书《创业创造》（*New Venture Creation*）的定义：创业是一种思考、推理结合运气的行为方式，它为运气带来的机会所驱动，需要在方法上全盘考虑并拥有和谐的领导能力。创业实践能够让大学生在校期间积累项目设计、运作经验和团队开发、合作经验，项目的商业化运作也会为学生提供一定的经济回报。

（2）创业社会实践也能鼓励更多的大学生自主创业的热情，拓展毕业就业渠道，提高大学生的就业能力。一些理工科院校更是成为新兴技术的孵化地。高校应当鼓励大学生进行创业实践，为一些创业项目提供必要的资金、场地和技术指导。学校可以通过大学生创业项目进行选拔，为一些好的创业项目提供商业化运作的支持，实现其价值。当然，学校还应做好大学生创业的引导和管理，在保证良好教学秩序的前提下鼓励大学生进行创业社会实践。同时，学校可以面向低年级的大学生举办创业大赛，并从中选拔优秀的创业项目进行实践；对于毕业年级学生创业，学校应当给予鼓励和资金奖励，让一部分大学生选择创业式就业。当然，大学生进行创业社会实践不能影响大学生在校学习，社会实践要始终和理论学习并行不悖，而不是顾此失彼。

（二）加强志愿服务类社会实践

志愿服务类社会实践，是指大学生以志愿者身份通过时间、技能或者物质无偿帮助服务对象的各类社会实践活动。笔者在调研中发现，大学生普遍对志愿服务社会实践感兴趣，愿意奉献爱心，义务家教、乡村支教、帮助孤寡老人等活动都广受欢迎。加强志愿服务类社会实践，应当做到以下几点。

1. 高校应当明确大学生在校期间的志愿服务时间

大学生应当人人都成为志愿者，为社会服务、为他人服务。

（1）大学生志愿服务时间的下限应当有明确规定。一些大学生认为自己在大学是消费者而学校是服务者，在学校就是应该享受学校提供的优质服务从而缺乏为他人服务、为学校服务的精神。大学生作为青年群体的精英应当培养志愿服务精神，成为推动社会文明进步的中坚力量。志愿服务应当成为大学生的“必修课”，通过各种机会去参与志愿服务实践。学校应当提供一些学生志愿服务的岗位，如图书整理、垃圾清扫、困难帮扶等。大学生在校期间志愿服务时间应当不低于40小时，平均每个学期5小时。大学生每月花1小时帮助他人、服务社会，收获的将是自身德行修养不断提高、公民意识不断增强。

（2）大学生志愿服务可以不拘束于寒暑假。大学生志愿服务既可以在寒暑假进行，也可以在课余时间进行。寒暑假集中开展大学生社会实践活动，这一期间大学生的志愿服务时间可以较长，志愿服务内容可以有延续性。课余时间进行的志愿服务活动，更是一种日常的习惯，让大学生在学校、在社区进行志愿服务。课余的志愿服务更容易让大学生形成志愿服务的习惯。

2. 志愿服务类社会实践应更多地走出校园

志愿服务类社会实践应更多地走出校园、走向社区，以社区为依托开展综合社会实践。包括帮扶孤寡老人、关爱留守儿童、维护社区公共秩序、丰富社区文化生活、参与一些未成年人的社区矫正，等等。这些志愿服务社会实践能够培养学生的社会责任感、团队合作精神，在服务过程中锻炼综合能力，提高道德修养。同时，也可以在一定程度上与专业知识衔接，让学生学以致用，在实践中检验理论知识的学习水平。国外许多高校都有专门的志愿服务网页，对志愿服务活动流程、志愿服务工作等内容进行详尽介绍，鼓励大学生参与志愿服务。例如，美国芝加哥大学学校社区服务中心为师生员工及整个城市居民提供志愿服务的机会。其中，芝加哥医学院为附近社区提供健康检查服务，并开设了几个义务诊所，大学生志愿者探望病人，并为他们提供书籍和杂志，等等。芝加哥大学社区帮教计划，每年都组织成百上千名大学生在教室为社区的孩子提供一对一教学辅导。而芝加哥大学埃德温·F. 曼德尔法律援助诊所法律专业的学生为社区居民提供免费的法律服务。

3. 高校应当制定大学生志愿服务的指南，帮助大学生参与志愿服务

高校应当在社会实践网页中开辟志愿服务专栏，整合资源为大学生提供志愿服务信息，给予大学生志愿服务良好的指导。志愿服务专栏应当包括板块设计和内容分层。

（1）第一模块，志愿服务的意义。展示志愿服务对大学生成长、成才的重要性。例如，英国肯特大学的志愿者服务网站就写道：通过志愿服务，你可以丰富你的简历，发展新技能，并结交新朋友。据 time bank/reed 公司针对英国 200 个行业领先企业做出的调查：73% 的雇主会录用一名有志愿服务经历的候选人；94% 的受访者认为志愿服务会增加自身技能；58% 的人认为可以从志愿服务中获得比带薪工作更有价值的经历。以学生志愿服务为调查发现，学生志愿者将收获：满足感，奖励，来自实践的成就；帮助他人获得的不同感觉；更多的自信；提高自律和动机；有机会尝试新鲜事物，发展和学习新的技能；改善沟通、人际关系，团队合作能力和独立工作能力；见识来自不同背景的新朋友，结交新朋友；成为当地社区的一部分；丰富简历；洞察不同的工作环境；用志愿服务经验申请工作面试机会；感觉生活的价值，期待未来。

（2）第二模块，志愿服务心得体会。分享大学生作为志愿者的感受，分享大学生的成长历程。通过亲身经历的分享，让更多的大学生参与志愿服务社会实践活动。如从调查中得到的一些大学生对社会实践的认识有："让我更有信心，使我认识到我可以完成工作"；"我现在有新的职业理想和信心推动这些新的想法"；"结识新朋友，做一些很有趣和有意义的事"；"让我更加了解问题所在，其他人经历，让我欣赏生活中简单的事情"；"快乐，满意，我也可以帮助别人的感觉"；"这让我成为更快乐的人"。

（3）第三模块，志愿服务网址链接。为大学生提供丰富的志愿服务社会实践活动资源，让大学生能够及时有效地获得志愿服务机会。例如，肯特大学的志愿服务网站（www. kentunion. co. uk/volunteering），为学生提供在 Canterbury 和 Medway 社区进行志愿服务的机会，并帮助学生获得肯特大学生志愿服务认证。

（三）发挥好朋辈教育社会实践的功能

在做到纵向大学生社会实践的组织、引导和实施后，辅导员应当注重横向的朋辈教育社会实践。朋辈教育实践，是指由大学生群体自我相互教育，通过优秀大学生的模范作用带动其他大学生进行自我教育，形成大学生朋辈圈相互监督、相互竞争并积极向上的教育氛围。朋辈教育类社会实践是大学生给大学生的支持，帮助学生清楚自己的选择。这比官方的支持和服务更好，更具有说服力和感染力。

1. 学校应当建设一个朋辈教育类社会实践常态网络

通过朋辈教育社会实践开展大学生朋友间的日常支持，包括学习技能、生活技能、服务技能等帮扶内容。

（1）朋辈教育能帮助大学生解决困难。大学生经过高考的选拔应当是具备一定的学习能力和知识储备，但一些大学生由于缺乏自我管理能力在大学里出现了学习能力变差甚至学习困难的状况。还有一些大学生在校期间容易出现情感问题，如人际交往障碍、恋爱失败、自卑心理等，如果是一般的心理健康问题，可以通过朋辈教育实践进行疏导和消解。一些大学生由于在家庭受到过多呵护缺乏独立性，生活技能差，难以独立生活。对于这种情况，同辈的指导和帮助显得十分重要，既不会伤害其自尊心也能提高其生活独立性。

（2）辅导员应当组织好学生的朋辈教育社会实践。对有学习态度不认真、沉迷网络、嗜睡等不良现象的大学生，辅导员应采取通过优秀同学的鼓励，让他们一起走出寝室、走向教室、走向社会实践。学校的朋辈教育类社会实践主题网应当做好人员募集、申请审核、教育实践和成果展示工作。申请表格应当包括基本信息、申请理由、技能、特长、情商指数等内容，根据大学生的特长和爱好进行帮扶分配。对于申请学生，应组织培训，根据朋辈教育社会实践的需要进行相关知识的教育引导。

2. 学校应当设置校园开放日

校园开放日可以面向社区里的高中生、中学生或小学生，让这些未进入大学校门的未成年人能够切身接触大学校园。

（1）学校团委牵头做好校园开放日社会实践。学校团委应当负责组织大学生参与校园开放日社会实践活动，给予大学生了解学校、介绍学校、展示学校的机会。由在校的大学生志愿者报名参与接待，介绍学校的基本情况、办学特色，学院介绍，优势专业，校园生活，等等。

（2）校园开放日活动应从培养孩子们的科学信仰和科学精神上着眼。一方面是让孩子们接触大学校园，与在校大学生进行互动，感受朋辈教育的魅力。另一方面，让大学的资源得到更充分的利用，如一些科普讲座，中学生甚至小学生都可以自由参加。大学生也可以在校园开放日社会实践中帮助社区的中小学生，从而锻炼其综合能力。国外许多大学虽然是全开放校园，但也设置了校园开放日，为社区的中学生、小学生提供校园参观和校园活动参与机会。大学生在校园开放日为参观学生提供服务让他们了解大学，也能在朋辈教育实践中提高综合能力，树立服务理念。

四、健全大学生社会实践的机制

机制是指社会事物的构成要素之间的相互联系与作用原理、作用方式、作用过程。笔者认为，大学生社会实践机制是大学生社会实践各构成要素在遵循一定机理的基础上相互作用所形成的比较稳定的关系及其内在运行过程和方式，主要包括大学生社会实践的激励、评价和沟通三大要素。机制应当具有一定的稳定性和规范性，以保证大学生社会实践的有效运行。

（一）健全大学生社会实践激励机制

激励是激发和鼓励，刺激人奋发向上。大学生社会实践激励机制就是激发和鼓励大学生积极参与社会实践活动的工作过程。激励过程是由内在型向外在型变化的过程，不是一次性的，需要连续进行。大学生社会实践激励机制的运行，主要包括两个主要方面，一方面是对大学生群体参与社会实践的激励，另一方面是对教师群体指导大学生社会实践的激励。

1. 大学生参与社会实践激励机制运行的方法

大学生社会实践激励机制的过程是动态发展的过程。首先是了解大学生的个体需要，从需要层次和需要类型分析大学生参与社会实践活动的内驱力。其次是行为引导，帮助大学生认识首先需要的主客观条件，对大学生社会实践活动进行可行性分析。最后是对大学生社会实践活动完成任务状况进行总结，通过绩效评估，用目标激励、强化激励等方法促使大学生再次参与社会实践活动。激励大学生积极参与社会实践活动主要应当包括以下几点。

（1）学分激励。学分制是一种以学分为计量单位衡量学生学业完成状况的教学管理制度。[①] 学分制在西方已经有200多年的历史，中国自五四运动后引入学分制也有近100年的时间。“在学分观念上，不能将学分仅作为一种毕业管理和控制的手段，更要将学分作为学生学习质量管理的工具，发挥教学的质量评价功能、引导功能、流通功能和激励功能。”[②] 大学生社会实践学分是大学生的必修学分，学分激励的目的在于通过大学培养激励大学生必须参加一定的社会实践成为合格的大学生。大学生在四年期间应当选择性参与各类社会实践活动，积累社会实践活动经历，达到学分要求。

（2）荣誉激励。在大学生社会实践中表现突出的个体，应当

---

① 周清明．中国高校学分制研究［M］．北京：人民出版社，2008：6.

② 胡雄斌．中英高校学分制系统的差异及其启示［J］．武汉理工大学学报（社会科学版），2011（2）：140.

给予正面强化激励。荣誉激励就是用扩大典型影响的做法，鼓励个体本身和大学生群体积极参与各类社会实践。人的认识是无限的，对于人的认识，任何界限都是不存在的。“罗森塔尔效应”正是说明了一个道理：“期望性暗示具有很强的优化对方素质、开放能力的功能。”[①] 人的潜能可以通过正面暗示进行开发。而对于已经在社会实践活动中表现出才能的大学生给予荣誉激励，会促使他们继续挖掘自身的潜能，在荣誉激励下不断开发能力。此外，荣誉的光环也会在一定程度上照亮大学生群体的社会实践之路，扩大各类社会实践活动在大学生中的积极影响。

2. 激励教师积极指导大学生社会实践的方法

指导教师是大学生社会实践中的重要角色，大学生社会实践脱离专业指导和管理就难以发挥效果。大学生社会实践作为大学生的必修课，就应当有相应的“任课教师”。为大学生社会实践配备指导教师和管理教师，在一定程度上增加了教师工作量，教师群体应当得到相应的物质激励和精神激励。

（1）物质激励。优秀的教师具有了解学生的能力、组织能力、劝说他人的能力、引起学生兴趣的能力、创造性工作的能力，等等。优秀的教师同样需要激励，为指导教师提供必要的物质保障，是保障教师工作积极性的重要手段。物质激励主要包括两种，一种是课时费激励，将指导大学生社会实践活动的时间折算为课时，提高教师的工作热情；另一种是基本费用报销，学校提供指导教师在工作过程中所需的基本费用，如差旅费、生活补

---

① 王通讯．人才潜能开发学［M］．北京：中国社会科学出版社，2001：5－45.

助，等等。

（2）荣誉激励。教师的目标主要是保证教育活动效果，获得学生的肯定，进一步提升自身的职称水平。对于教师的荣誉激励就应当从教师的目标着手，肯定教师在指导和管理大学生社会实践中的成绩。为社会实践指导教师颁发导师证书、评选优秀的社会实践指导教师或先进工作者，并将获得荣誉作为职称评定的优选措施。如此荣誉激励更能提高教师参与指导和管理大学生社会实践活动的积极性和主动性。

（二）健全大学生社会实践评价机制

评价，主要是评定价值的高低。大学生社会实践评价机制，是指对大学生社会实践活动的效果进行价值评定的内在工作方式。

1. 丰富大学生社会实践评价的类型

对大学生社会实践的评价应当是全面的、综合的，给予大学生社会实践真实、客观的评价。这样才能提高大学生参与社会实践的积极性。大学生社会实践的评价应当包括：社会评价和自我评价两个方面。

（1）社会评价主要是社会舆论的认识和反映。社会舆论是社会政治组织、社会集团、媒体对大学生社会实践后形成的社会成员所共同关心的问题的大多数人意见的总和。第一，社会舆论是大多数人的意见，会形成良好的精神氛围来支持大学生个体的正确言论和行为持续发生。第二，社会舆论会形成一种压力因素，使某些大学生个体改变自己不正确的言论和行为。第三，社会舆论能调动大学生学习、实践的积极性，培养大学生良好的思想品德。社会舆论对大学生社会实践的评价，主要使大学生明确社会对大学生社会实践的态度，明确社会实践活动的社会价值。大学生作为受教者，可以从评价中获得某种肯定性或否定性的结论，帮助他们对自己的理论观点、行为方式做出判断并加以改进。肯定性的评价是激励性的，否定性的评价是鞭策性的，通过两种压力能使大学生认识自己。

（2）自我评价是通过内省对正确思想与错误思想以及是非善恶的正确认识，特别是对自己的行为活动的效果进行认识。反映个人对自己的剖析和评价，内省既能反映个人自我认识的水平，也能反映自我评价与自我控制的能力，体现人的道德感和社会责任感。大学生对社会实践的自我评价，就是去认识自己在社会实践活动中是否达到了预定效果，是否提高了自身综合素质，并对社会和他人产生了积极影响。

2. 建立大学生社会实践评价的立体模式

具体而言，评价大学生社会实践的效果应当从以下几个方面进行考量。

（1）研究大学生社会实践评价机制运行模式，整合社会评价和自我评价。社会评价和自我评价会出现一致和不相符合的情况。两个评价一致，能帮助大学生协调好个人与社会、集体的关系，从而营造良好的社会实践氛围。两个评价不一致的情况主要分为两种。自我评价高于社会评价，会导致大学生盲目自信，看不到潜在的问题，错过解决问题的时机。自我评价低于社会评价，会导致大学生失去参与社会实践的积极性，可能走向自我封闭。

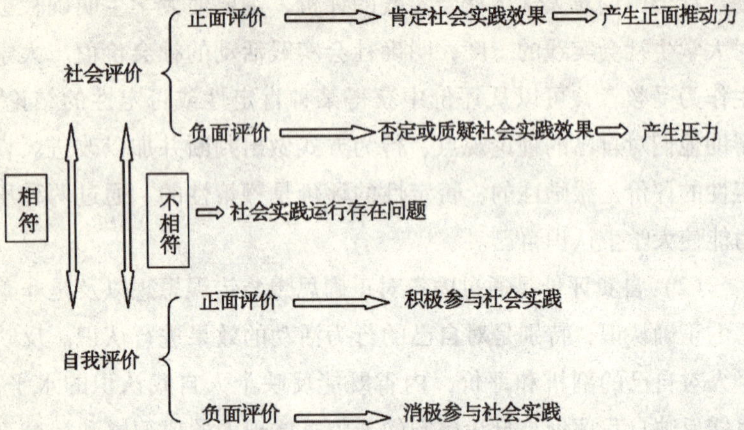

大学生社会评价机制运行图示

（2）高校应当采用择优表彰与活动认证相结合的社会实践评价方式。目前高校多采用择优表彰的方式对大学生社会实践进行评价，按照参与学生的一定比例评选社会实践活动先进个人。这种方式有利于鼓励先进，肯定部分同学的实践成果。但优秀名额有限，如果评选标准不明确，或者评选过程不公开，就会引发大学生对社会实践的反感。一些在社会实践活动中表现优异的学生也因为名额限制无法获得积极的评价。因此，大学生社会实践的评价方式应当包括择优表彰和活动认证。大学生参与社会实践活动达到一定的时间，完成相应的任务，并取得较好的活动效果，都应该获得活动认证，从而证明大学生的社会实践经历。同时，可以对在社会实践活动中表现十分优异的大学生进行择优表彰，用典型的事例去鼓励更多的大学生参与社会实践。

（3）媒体关于大学生社会实践的评价应当从季节性报道转变

为常态化报道。媒体评价是对大学生社会实践社会影响的认识，公正的媒体评价有利于促进大学生社会实践的发展。大学生社会实践媒体评价不应当主要集中在大学生社会实践活动集中的寒暑期。这种季节性的媒体报道为大学生社会实践集中在寒暑期推波助澜，大学生社会实践活动的问题暴露很多，对大学生社会实践积极影响的展示不多。媒体评价应当逐渐淡化大学生社会实践的高峰与低谷，使媒体对大学生社会实践的认识均衡化，从而引导社会对大学生社会实践的正确认识，客观评价大学生社会实践的成果与缺失，促进大学生社会实践的有效发展。

（三）完善大学生社会实践沟通机制

沟通是人与人之间通过信息交流而相互学习和相互理解的活动。“沟通”一词在传播学和社会心理学中应用广泛，近年来思想政治教育学也越来越重视教育者与受教育者之间的沟通。大学生社会实践沟通机制，是指在社会实践活动中主客体之间进行相互信息交流的工作方式。

1. 厘清大学生社会实践沟通机制的内容

借用哈贝马斯的交往互动理论，可以将语言行为分为三种模式，大学生社会实践的沟通内容也可分为三种类型：

沟通主体	语言模式	有效性要求	沟通的功能
关于外在的世界	认识式	客观性、真实性	事实的展现
关于“我们”的世界	相互作用式	正确性	建立合法、合理的人际关系
关于个体的世界	表达式	真诚性	情感的共鸣

大学生在参与社会实践活动中不可避免会涉及这三种类型的问题。关于外在的世界，教育者的目的是真实展现理论、时事、政策，以客观性、真实性的原则使受教育者接受社会主义核心价值体系。对于有关学生利益的问题，需要建立良好的师生关系，应当依靠正确性原则和真诚性原则，实现平等人际关系的互动和情感的共鸣。关于“我们”的世界，大学生一方面需要认识现实与理想的差距，正确认识现实中的问题和困难。另一方面，“我们”的世界还需要正确处理社会实践团体内部的人际关系，做到团队合作与提升。关于个体的世界，大学生自我意识矛盾的调和是举足轻重的问题，要用有效的沟通去解决大学生的自我意识矛盾，引导大学生自我意识的正确发展。这些都需要建立教育者与受教育者平等的互动平台，从而达成认知的共识和情感的共鸣。

2. 完善大学生社会实践沟通机制的运行

大学生社会实践沟通机制中的主要元素包括发信者、接收者、信息、渠道、反馈与沟通背景。发信者应当利用现代媒体手段发出信息，表达沟通愿望，通过对方的反馈传达信息。接收者要准确把握发信者传递的信息，表达愿意沟通的意见，及时反馈自己的想法和感受。双方在准备把握信息的基础上进行对话，解决实践活动中存在的问题和困难。信息，以语言为载体展示沟通的内容。渠道，既可以是面对面情境下以声音和视觉为传输通道，也可以在网络平台以手机短信、电话，QQ、飞信、微信、微博等互联网交互模式为信息传输的通道。背景，即沟通时的情景，包括社会背景、文化背景、心理背景。在大学生社会实践沟通机制运行中，大学生、指导教师、实践单位三个沟通主体之间就具体的大学生社会实践活动中需解决的问题进行沟通与对话。只有这三个主体能够平等沟通与对话，才能及时修正社会实践活动的方向、解决社会实践活动中存在的问题，共同促进大学生社会实践的发展。三个主体的沟通运行模式见下图。

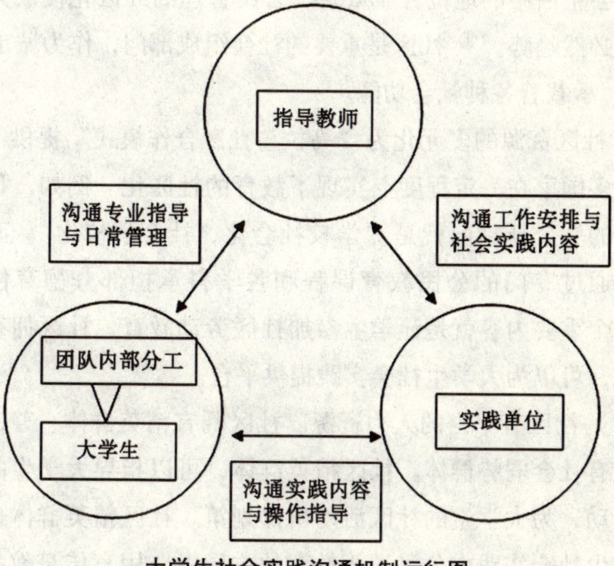

大学生社会实践沟通机制运行图

五、完善大学生社会实践模式

模式（Pattern），是解决某一类问题的惯用方法。大学生社会实践需要形成一些较为固定的模式，使社会实践具有常规性，并能从社会实践中提炼理论，总结经验。

（一）完善社区化大学生社会实践

随着市场经济的建立和发展，“国家—社会”一体化的格局被打破，民间社会或公民社会逐渐形成。“市民社会的形成使社区在社会生活中的地位日显重要，公民管理的社区化便成为社会发展的必然趋势。”① 社区是重要的社会组成部门，作为城市“细胞体”，承载着各种社会功能。

1. 社区资源的多元化为“高校与社区合作模式”提供了可能

很多国家在一定程度上实现了教育的社区化。例如，日本道德教育的一个新趋向就是“学校社会化、社会学校化”。而在法国，除通过专门的公民教育课程和各学科承担部分德育任务之外，一个重要内容就是让学生参加社区劳动教育。社区拥有丰富的资源，可以为大学生社会实践提供平台。

（1）社区有丰富的人力资源。社区既有精英群体、普通的大众，也有社会弱势群体。社区精英群体，可以指导大学生的社会实践活动，为大学生的社区活动出谋划策。社区精英群体也会成为大学生社会实践中公民道德教育的主导者，用言传身教的方式开展核心价值观教育和公民教育。社区普通大众和弱势群体，成为大学生社会实践的活动对象。大学生可以就自己专业所学开展一系列宣讲类社会实践活动、志愿服务类社会实践活动。

（2）社区有丰富的物质资源。社区内有工厂、公司、医院、学校等社会各类机构。这些社会机构为大学生社会实践提供可用

---

① 李光辉，杨化．大学生思想政治教育社区化刍议［J］．西南政法大学学报，2005（12）：121.

的平台，并能在一定程度上承担大学生社会实践活动经费。社区的物质资源，既能为大学生提供产学研相结合的社会实践机会，也能为大学生提供德育社会实践机会。大学生可以就自己所学专业在社区中找到相应的实践岗位，以社区为学习实践的基点，在服务社区的同时巩固专业知识、激发学习兴趣。大学生在社区中也能开展各类志愿服务社会实践，服务社区医院、社区学校、社区养老院等，实现道德理性的升华。

2. 社区是鲜活、真实的社会实践平台

进社区是最真实的一线实践体验，社区是大学生鲜活、真实的实践平台。作为平民主义意识形态和新型政治实践的社区，传统以来就是社会重建、培育、维护，并发展公民精神的基本场所。大学生在社区社会实践过程中，可以培养自身的公共理性和相应的政治德性，并用实践验证自身道德修养的水平和公民意识的成熟性。

社区的社会实践能提供给大学生多种可能性，增加大学生社会实践的效益。例如，西南政法大学新闻学院开展社区报项目，让学生在社区中获取新闻，学以致用编纂社区报。“社区报在国外有百年的发展历史，而在中国却是一个较新的媒介形态，这是一次非常有益的尝试!”社区是社会的最小细胞，对社区的观察可以以小见大，体验生活的方方面面。

3. 加强“校社”合作的具体措施

以学校为中心签订学校与社区合作协议，使学校周边的社区都能参与大学生社会实践的合作。学校应成为社区的中心、社区的一部分，而不是社区中的“孤岛”。国外高校一般没有围墙阻隔校园与社区，学校与社区在地理条件上自然与社区融合。同时，国外高校也注重与社区各类机构的合作，将大学志愿服务与社区志愿服务进行同级对接，帮助大学生在社区中找到各种服务岗位或实习岗位。

（1）学校团委或学院团委可以志愿服务社会实践为重点与所在街道或居民委员会开展协议合作。大学生长期参与社区的志愿服务活动，能了解基层群众的生活状态，体会社会主义建设成果在基层的收效，从而帮助实现大学生在社区的志愿服务社会实践常态化和长效化，促进大学生的全面发展。

（2）学校各学院以专业为依托与社区中的相应单位签订学生专业实习合作协议，在学生学习之余有条件地开展大学生定岗实习社会实践活动。社区的定岗实习社会实践活动，可以让大学生摆脱专业实习固定时间的约束，让大学生在学习之余有机会将所学立即转化为所用。定岗实习使书本知识不再“空洞”，不仅能提高大学生的专业能力，也是对教学方法改革的一种探索。

（二）完善大学生社会实践“基地化模式”

社会实践基地是开展大学生社会实践活动的稳定场所，通过学校与单位之间的共建协议开展各类大学生社会实践。稳定的社会实践基地能为大学生社会实践提供一定的人力、物力和财力支持，同时促进大学生社会实践的连续化和常态化。

1. 发挥好实践基地的综合化功能

大学生社会实践基地不仅可以为大学生提供志愿服务的机会，也能为大学生提供实习锻炼的机会、调研课题的机会，等等。

（1）改变大学生社会实践基地的单一功能。社会实践基地建设已经有一定的经验积累，尤其是教学实践基地在实际中应用广泛。而针对不同的社会实践活动，学校职能部门通常与多个社会组织或单位达成共建基地协议。大学生社会实践基地的数量已经不少，但一些社会实践基地仍常常出现“挂牌”现象。

（2）综合运用大学生社会实践基地的多项功能。实践基地综合化就是大学生社会实践基地的建设针对多种大学生社会实践活动，充分发挥实践基地的最大效用。学校在大学生社会实践基地建设的选择上，应当考虑实践基地的综合应用性。一个社会实践基地，要既能够满足大学生专业实习的需求，也能满足大学生志愿服务或其他社会实践的需求。从质量上检测大学生社会实践基地建设的效果，使一个实践基地满足多种实践活动需要。

2. 实现大学生社会实践基地的规范化管理

规范化管理是大学生社会实践能够长期、有效运转的保障，规范化主要体现在以下几个方面。

（1）社会实践基地建设协议制定的规范化。在现实中，一些社会实践基地主要是由校友对学校的回馈而建立，或由教师利用个人社会关系建立。这样的社会实践基地也常因为原联络人员的工作变动而停止接纳大学生实践活动。大学生社会实践基地建设应当由情感选择转为理性共建，制定规范的社会实践基地共建协议，包括社会实践基地共建时间、共建内容，双方的权利、义务，等等。用合同式协议代替框架式协议，用具体的内容代替简要的条款。

（2）大学生社会实践活动对接程序的规范化。在共建基地双方高度重视的前提下，具体的大学生社会实践活动应当具有规范化的对接程序。大学生社会实践基地能够承接的社会实践活动，按时间要求可以划分为固定时间段的社会实践活动和临时安排的社会实践活动。做好社会实践活动的对接工作能快速启动大学生社会实践活动，保证实践活动的前期安排、中期指导和后期总结与反馈。

（3）互利共建机制的规范化。高校与大学生社会实践基地如果仅是单向输出，就会使得接收大学生社会实践的单位逐渐失去对这项工作的热情。技术合作与人才培养成为大学生社会实践基地共建的重要互利机制。双向互利共建是大学生社会实践基地建设最好的选择，高校不仅向社会实践基地输出大学生，也要接收实践单位的工作人员到学校交流与进修。

（三）完善大学生社会实践“1+4”模式

大学生社会实践“1+4”模式，即一个大学生四年大学生活中的社会实践活动安排。“从年龄阶段来看，大学生正处于青年期和社会化的重要阶段”[①]，其个性特点中激情与理性相依存。大学培养人才就是从德、才两大方面去引导大学生，使大学生在社会化过程中更多地用理性的方式思考。同样，大学生社会实践在大学生学习、生活过程中应该有不同的侧重点。

1. 引导大学生社会实践内容的递进选择

大学生社会实践内容应当随着大学学习的深入而有变化和发展，适应在不同阶段培养大学生全面发展的需要。

（1）大学一年级和大学二年级上学期依托团委和年级开展丰

---

① 邓卓明，任一明．我选择，我喜欢——当代社会时尚与大学生［M］．北京：中国青年出版社，2011：19.

富多彩的社团社会实践。以文体活动、志愿服务活动、竞赛活动等形式引导大学生适应大学生活，在社会实践活动中展现大学生的才艺，提高大学生的综合素质。

（2）大学二年级下学期和大学三年级上学期开展以专业实习为主的学习型社会实践。让大学生认识到时间的紧迫性，要成为专业的拔尖人才就必须再回到学校学习理论知识，只有掌握更多的理论知识才能在实践中与实际的情况进行对接，否则在实践中便会面临问题找不到知识的对接点而对问题束手无策。

（3）大学三年级下学期和大学四年级开展就业社会实践，开展就业模拟考试和模拟面试，提高学生的就业能力。根据学生的兴趣、爱好和特长，为学生量身定制职业发展规划，指导学生报考研究生或选择就业方向。通过学习实践和就业实践，大学生能够清晰制定自己的奋斗目标，在考研和就业中脱颖而出，为成长、成才打下良好基础。

2. 规范大学生四年社会实践模块管理

模块管理，是指要求大学生在大学四年完成不同类型的大学生社会实践，促进大学生综合能力的提高。

大学生的专业培养计划从大学生学业方面进行了系统规定，包括每个学期学习课程种类、学分要求等。在选课条件下，学生必须选择一定数量的必修课、限选课、公共选修课获得足够学分才能达到毕业条件。学校对各类课程也进行相应的模块划分，如公共选修课包括社会科学类、自然科学与技术类、人文艺术类、就业创业能力与健康教育类等。每一个模块学生都必须有所涉猎，拓展视野，扩大知识面。大学生社会实践也应当设置模块化分类，改革社会实践笼统化管理。避免大学生在四年中凭自己的兴趣和特长仅参加某一类社会实践活动，而忽略其他类型的社会实践活动。根据社会实践内容的分类，大学生社会实践包括政治教育类社会实践、教学类社会实践、文体类社会实践、志愿服务类社会实践、自主创业类社会实践。对于前四大类社会实践，大学生都应该有条件、有能力参与其中。而自主创业类社会实践可以作为选择性参与的社会实践活动，有创业兴趣和创业能力的同学可以鼓励参与和实践。教学类社会实践中的专业实习已经纳入专业培养计划计算学分，大学生必须获得专业实习的学分才能达到毕业条件。对于政治教育类社会实践、文体类社会实践、志愿服务类社会实践都应作为大学生社会实践的“必修科目”。如果学校规定大学生社会实践学分不低于1分，那么对于这三类社会实践就可以根据一定比例进行核算，如政治教育类社会实践35%，文体类社会实践30%，志愿服务类社会实践35%，创业类社会实践可以作为附加分进行学分鼓励，同样计入大学学习成绩表。

（四）完善大学生社会实践自主创新模式

大学生社会实践能激发学生的创造力和创新力，大学生社会实践也不能一味地由主管部门主导设计实践内容和形式，而应赋予大学生更多的创造空间。

1. 鼓励大学生创新社会实践的内容和形式

美国著名诊疗心理学家C. 罗歇斯认为，创造力的实质就在于它的新颖性。但事实上，越是具有首创性的事物，越可能被同代人看作是邪恶或愚蠢的东西。[①] 一些保守的思想总是认为应该坚持传统，学校管理层和教师认为大学生应该按照学校的规划学习和实践，父母认为子女就应朝着父母指定的方向前行。好的经验固然可以让大学生避免前人的错误，但也在一定程度上禁锢了大学生的创造力。因此，在社会实践方面，应当鼓励大学生自主创新的社会实践内容和形式。大学生在校期间的创业社会实践，跨专业学习社会实践，以兴趣主导的文体类社会实践等不违背社会公序良俗和法律规定的实践行为都应得到承认和鼓励。例如，近年来，一些大学生选择徒步行、骑车行等方式了解民情、体验生活。对这种实践方式，学校出于学生安全考虑，往往不提倡、不鼓励；一些学生家长持反对意见，阻止学生的实践行动。应该说安全是一个重要的前提，但作为成年人，大学生对于自己的实践活动应该有清楚的认识和规划，有选择权和行动权。因此，学校更重要的是引导大学生如何完善社会实践活动的方案，家长更重要的是为大学生社会实践活动提供必要的支持。如果一味地反对、压制，必然会造成大学生创新性缺乏，一百个大学生只有一种表现形式，整齐划一而缺少活力和创造力。

2. 客观评价大学生自主创新的社会实践活动

大学生自主创新的社会实践活动往往参与人数较少，有的实践活动持续时间较长。学校应将自主创新的社会实践活动纳入大学生社会实践考核范围。学校评价大学生自主创新社会实践活动效果应和学校组织的大学生社会实践活动统一标准。对自主创新

---

① 王通讯．人才潜能开发学［M］．北京：中国社会科学出版社，2001：312.

社会实践活动中大学生的参与度进行跟踪，有条件的也可以为这些社会实践活动提供智力支持和资金保障。与学校组织的大学生社会实践活动相比，大学生自主创新的社会实践活动在一定程度上属于新鲜事物，在社会认可度方面可能存在偏差。学校对这些活动效果的评价应当走在社会的前面，认真分析大学生在社会实践中的收获以及这些社会实践活动的积极影响和消极影响。学校要以发展的趋势认真对待大学生自主创新的社会实践，引领学生不断开发创造力。

（五）开创“循证式”大学生社会实践的模式

循证，是指通过核心的“实证”采集程序，带着问题在实践中获取资料，让实践有迹可循，也让实践成果可以反馈到理论学习中为理论学习提供素材。具体的实证程序可归纳为“五步法”(5 - Levels of organization of evidence)：[①] 大学生社会实践循证模式，即大学生专题化社会实践，以问题为主导让大学生社会实践成为发现问题、研究问题和解决问题的方法。

1. “循证式”大学生社会实践的操作步骤

（1）研究问题。如何定位“问题”本身是“循证式”大学生社会实践的第一步。在具体的社会实践活动中，学生就是发现问题、提出问题、解决问题的主体和中心。学生提出一个关于社会实践的“好问题”，决定着实践的“实证”方向性指标，给社

---

① Haynes, R. B. (2006). Of studies, syntheses, synopses, summaries, and systems: The “5S” evolution of information services for evidence - based health care decisions. ACP Journal Club, 145 (3), A - 8, A9.

会实践活动提供了具体的项目来源。问题的提出就会涉及实践项目的方向、价值评价的指数、实践的评估，以及实践报告的最终结论。

（2）系统检索。大学生根据在实践过程中产生的“新问题”进行系统分析，按照“循证”的方法对所收集的“问题”进行分类或分级梳理，确定下一步的检索方向和目标。从已经完成的“新问题”文献材料收集中分析并定位实践项目的意义，按照其关联的程度，再次分析和评价所检索的材料。

（3）文献综述。这一步并非是传统意义上的“文献综述”。此时所讲的文献综述是按照严格的实证主义的标准，对查证证据进行严格的评级，对检索到的实证证据按照个案真实、数据可靠、问题相关、逻辑严密、反复呈现等“证据链条”相互印证的标准进行“综合梳理”。一般而言，按其相似程度可分为：Ⅰ级证据，主要是指对于学生的实际抽样调查或网调数据；Ⅱ级证据，主要来自于非随机调查或定点抽样调查数据；Ⅲ级数据，其证据效力最低，大多为研究者的间接或传来证据。这样的文献综述能够帮助评估实践项目对大学生素质培养的作用，评估实践项目的具体成效。

（4）循证应用。把“循证”证据用于社会实践的改革中，为大学生社会实践提供创新模式选择。通过前三步“循证式”社会实践项目的寻找、论证，实现对优选的社会实践项目的落实，让大学生通过对“新问题”的分析，实现对“新问题”的探索，带着问题进行社会实践，在实践中提高自身的综合能力。包括研究能力、工作能力、学习能力、社会适应能力，等等。

（5）总结评估。“循证”的最后一步是通过循证应用的实际效果，对于社会实践中的方法进行改进和推广，而这也是 WIDER 项目的实质意图。大学生可以通过“循证式”社会实践项目的锻炼，收集典型性社会实践项目个案，评估社会实践在促进大学生全面发展、提高大学生思想政治教育方面的积极作用。

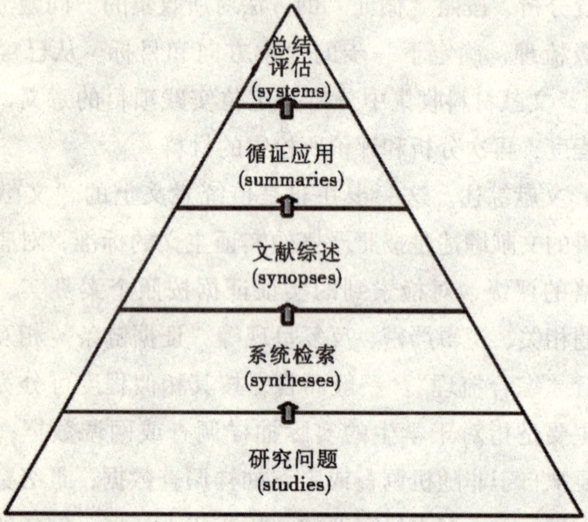

“循证式”大学生社会实践的操作步骤图

2. “循证式”大学生社会实践的操作要求

“循证式”大学生社会实践的操作始终应当把握社会实践的主体是大学生，要适应大学生的需要，紧跟时代的需要。

（1）社会实践要以大学生关注的问题为中心。在具体的社会实践活动中，进行实践项目的决策设计，就应当回到原点，设计一些学生最关心或最困惑的问题。这样才有可能在“循证”中获得第一手原始的素材，经过仔细分析论证后，方可准确地找出实践中存在的各种疑难问题，并对这些“实证”的问题进行第一步的研究和综述。

（2）大学生社会实践应当具有以证伪方式的科学精神。感觉获得的是第一手资料，但仅凭感觉所获得的资料还不完全，可能是片面的，或者仅是一种错觉。感觉必须要升华到概念的总结、判断和推理才能进行论理。就目前的现实情况而言，在一些“第一手”资料中，往往会掺入许多“伪证”。资料真假难分，会让刚刚接触社会实践的大学生难以凭借浅薄的理论知识进行准确的辨识。而“循证式”大学生社会实践的最终价值就在于：在实践中排除杂证，在错误中寻求真理。证据存疑时，就促使学生在“实践”的大环境中进一步去夯实或者去努力证伪；而当证据查证可信时，也不可忽视“循证”所实际适用的具体条件和相关因素。

（3）大学生社会实践应当具有以证据为源的实证体系。大学生社会实践活动能把高校最新的研究成果转化为生产力，大学生在实践中会用到在学校所学的最新理论知识，同时也在实践中去检验理论知识的真实性和有效性。这种效验关系的形成，依靠的是实证主义的精神。首先，实证的精神实际上是倡导一种客观的态度，即尽可能地避免主观因素的影响，尽可能地呈现事物的本来面目。其次，实证精神包含了探险与存疑的精神。正是人类的好奇以及对于“新知”的渴望，才使得人类社会在现代有了全面的推进。最后，实证精神也是一种务实的态度。“循证”正是实证精神在实践领域的体现，强调有理、有据、有证。证据的查证必须经过严格的标准进行，并且通过严格的量化工具来排除、筛查，使之成为可信序列数据。

总之，无论是哪一种社会实践模式，大学生都会在具体的实践活动中得到锻炼。而较为规律的社会实践模式会对大学生的全面发展进行系统化的训练，使大学生社会实践具有更强的科学性和规律性。

结论

实践的主题是永恒的。每个人都需要实践才能真正体验生活，才能完善自己。大学生社会实践是大学生思想政治教育的重要内容，是人才培养的重要方式，是大学生参与社会、融入社会的重要渠道。研究大学生社会实践应是思想政治教育工作者的重要任务，也是从事思想政治教育工作的重要手段。

大学生社会实践的理论是丰富的。大学生社会实践的理论基础包含了马克思主义人的自由而全面发展理论、马克思主义社会实践理论和马克思主义社会实践成才理论。这些理论是大学生社会实践的指导，是大学生社会实践深厚的理论基础，可避免大学生为实践而实践。大学生需要自由而全面地发展，离不开社会实践的历练，要有实践的打磨才能运用理论，才能了解社会，才能锻炼才能。大学生作为潜人才，总是要通过社会实践才能真正成为人才，任何的闭门造车、自我封闭都是不可取的。大学生社会实践的基本理论应当是丰富的，包括基本含义、分类、特性和功能这几项基本内容。在未来的研究中，大学生社会实践的基本理论应该更加丰富，使得大学生社会实践不仅仅停留在操作层面。

大学生社会实践成绩显著，但问题也不容忽视。在研究中，梳理大学生社会实践的成绩是对过去的肯定。党和国家都高度重视大学生社会实践工作，关于大学生社会实践的诸多政策不断规范大学生社会实践。大学生社会实践亦为培养大学生提供了许多机会，包括让大学生正确了解国情、民情，锻炼大学生的综合素质等。大学生社会实践也在时间的推移中不断发展。大学生社会实践的组织机构、规章制度不断健全和完善，大学生社会实践内容更加丰富，大学生社会实践的理论研究成果也颇为丰硕。在具体工作中，大学生社会实践存在的问题，是作为研究者和工作者必须看到的现实。只有认真剖析问题、研究原因才能促进大学生社会实践的进一步发展。大学生社会实践在一定程度上存在形式化、功利化的问题，而且大学生社会实践保障不够完善，大学生社会实践管理在一定程度上的非科学化都对做好大学生社会实践提出挑战。大学生社会实践要做得更好，就必须要合理克服这些问题，从制度上到形式上有改变、有进步。

没有一个国家会忽视大学生社会实践，也没有一所高校会忽视大学生社会实践。大学生社会实践的地位是明确的，大学生社会实践在未来不会减少，大学生社会实践的效果会更为明显。增强大学生社会实践效果成为我们研究大学生社会实践的重中之重。笔者在研究中探索和总结了几条增强大学生社会实践效果的对策，包括全面重视大学生社会实践、加强大学生社会实践的管理、拓展大学生社会实践的领域，健全大学生社会实践的机制、完善大学生社会实践模式。每一项具体论述，都是为做好大学生社会实践提供可选择的路径，促进大学生社会实践的发展。

主要参考文献

（一）经典著作和重要文献类

［1］马克思恩格斯文集（1－10）［M］. 北京：人民出版社，2009.

［2］列宁专题文集（1－5）［M］. 北京：人民出版社，2009.

［3］毛泽东选集（1－4）［M］. 北京：人民出版社，1991.

［4］邓小平文选（1－2）［M］. 北京：人民出版社，1994.

［5］邓小平文选（第3卷）［M］. 北京：人民出版社，1993.

［6］江泽民文选（1－3）［M］. 北京：人民出版社，2006.

［7］中共中央宣传部. 毛泽东邓小平江泽民论思想政治工作［M］. 北京：人民出版社，2000.

［8］教育部社会科学司主编. 普通高校思想政治理论课文献选编（1949—2008）［C］. 北京：人民大学出版社，2008.

［9］教育部思想政治工作司主编. 加强和改进大学生思想政治教育重要文献选编（1978—2008）［C］. 北京：中国人民大学出版社，2008.

［10］人民日报［N］. 1978年12月1日至2012年7月1日.（部分）

［11］十一届三中全会以来重要教育文献选编［M］. 北京：教育科学出版社，1992.

［12］中共中央宣传部、教育部关于高等学校学生参加生产劳动的若干规定（1984-09-09）.

［13］国家教育委员会、共青团中央关于广泛组织高等学校学生参加社会实践活动的意见（1987-06-27）.

［14］中共中央宣传部、国家教育委员会、共青团中央关于广泛深入持久地开展高等学校学生社会实践活动的意见（1992-06-25）.

［15］中共中央关于进一步加强和改进学校德育工作的若干意见（1994-08-31）.

［16］共青团中央、中共中央宣传部、国家教育委员会关于深入持久开展大学生社会实践活动的几点意见（1996-12-28）.

［17］中共中央、国务院关于深化教育改革，全面推进素质教育的决定（1999-06-13）.

［18］中共中央、国务院关于进一步加强和改进大学生思想政治教育的意见（2004-08-26）.

［19］中共中央宣传部、中央文明办、教育部、共青团中央关于进一步加强和改进大学生社会实践的意见（2005-02-01）.

［20］国家中长期教育改革和发展规划纲要（2010—2020）.

（二）学术专著类

［1］张耀灿，郑永廷，吴潜涛，骆郁廷等著. 现代思想政治教育学（第2版）［M］. 北京：人民出版社，2006.

［2］陈秉公著. 思想政治教育学原理［M］. 北京：高等教

育出版社，2006.

［3］陈万柏，张耀灿．思想政治教育学原理（第二版）［M］. 北京：高等教育出版社，2007.

［4］黄蓉生．改革开放以来大学生思想政治教育论纲［M］. 北京：人民出版社，2014.

［5］骆郁廷主编．当代大学生思想政治教育学［M］. 北京：中国人民大学出版社，2010.

［6］郑永廷．思想政治教育方法论（修订版）［M］. 高等教育出版社，2010.

［7］邓卓明，任一明．我选择，我喜欢：当代社会时尚与大学生［M］. 北京：中国青年出版社，2011.

［8］罗洪铁，董娅．思想政治教育原理与方法基础理论研究［M］. 北京：人民出版社，2005.

［9］胡树祥，吴满意等．大学生社会实践教育理论与方法［M］. 北京：人民出版社，2010.

［10］谢练高主编．当代大学生社会实践活动的理论与探索［M］. 广州：广东高等教育出版社，1999.

［11］王革主编．新时期高校大学生社会实践概论［M］. 西安：西北农林科技大学出版社，2008.

［12］王小云，王辉．大学生社会实践概论［M］. 北京：中国经济出版社，2005.

［13］冯艾，范冰主编．大学生社会实践导读［M］. 北京：社会科学文献出版社，2005.

［14］张国栋．大学生社会实践探索［M］. 沈阳：辽宁大学出版社，2009.

［15］刘晓东．大学生社会实践理论与实务［M］．北京：高等教育出版社，2014.

［16］许纪霖．当代中国的启蒙与反启蒙［M］．北京：社会科学文献出版社，2009.

［17］任剑涛．建国之惑——留学精英与现代政治的误解［M］.北京：中国政法大学出版社，2012.

［18］汉娜·阿伦特著．人的境况［M］．王寅丽译．上海：上海人民出版社，2005.

［19］［德］哈贝马斯著．交往与社会进化［M］．张博树译．重庆：重庆出版社，1989.

［20］［美］艾伦·布卢姆著．美国精神的封闭［M］.战旭英译．南京：译林出版社，2007.

（三）学术论文类

［1］邓卓明．社会实践在推进大学生社会主义核心价值体系教育中的作用［J］．思想理论教育导刊，2011（12）.

［2］邓卓明．社会实践对培养大学生的作用［N］．光明日报，2012-01-14.

［3］徐艳兰．大学生社会实践长效机制的构建［D］．华中师范大学，2008.

［4］杨继瑞．关于加强大学生社会实践活动的思考［J］．高校理论战线，2010（2）.

［5］范冰．试论大学生社会实践活动的模式创新［D］．华东师范大学，2007.

［6］谢晓青．创新大学生社会实践的理性思考［J］．学校党

建与思想教育，2010（10）.

[7] 魏巍．论大学生社会实践知行模式链接［J］．学校党建与思想教育，2012（3）.

[8] 王丽萍，张明志．知行统一命题下的大学生社会实践育人范式探究［J］．思想政治工作研究，2011（7）.

[9] 杨世传．人的全面发展与大学生社会实践活动［J］．黑龙江高教研究，2004（10）.

[10] 曹银忠，胡树祥．新中国成立以来大学生社会实践活动的回顾与展望［J］．思想理论教育导刊，2010（5）.

[11] 张艳．新中国成立以来大学生社会实践活动的历史发展［J］．中国青年研究，2011（6）.

[12] 吕富媛．增强大学生社会实践实效性的路径研究［J］．国家教育行政学院学报，2010（3）.

[13] 方静雨．大学生社会实践存在的问题、成因及其对策［J］．江西教育科研，2007（9）.

[14] 王文华．试析大学生社会实践活动的教育功能［J］．学校党建与思想教育，2007（8）.

[15] 潘俊英．民族精神和时代精神：大学生社会实践的精神动力［J］．广西社会科学，2011（4）.

[16] 李杰．大学生社会实践创新研究——以重庆市大学生社会实践创新为例［D］．重庆理工大学，2013.

[17] 周彩姣，林寒．大学生社会实践活动现状调查与完善策略［J］．高等教育研究，2012（9）.

[18] 杨继瑞．关于加强大学生社会实践活动的思考［J］．高校理论战线，2010（2）.

［19］马奇柯．国外大学生社会实践的经验和启示［J］．中国青年研究，2003（3）．

［20］柯佳敏．创新大学生社会实践模式的新思考［J］．思想理论教育导刊，2014（1）．

［21］张绪忠．近十年来我国大学生社会实践模式研究综述［J］．思想政治教育研究，2014（2）．

［22］尹彦．基于多元智力评价理论的大学生社会实践评价体系探析［J］．学校党建与思想教育，2014（8）．

（四）外文文献类

［1］Student Services：A Handbook for the Profession，John H. Schuh，Susan R. Jones，Shaun R. Hanper，and Associates，4th ed，c2003.

［2］Strategic Planning in Student Affairs，Shannon E. Ellis，Wiley Periodicals，Inc.，2010.

［3］Multicultural Student Services on Campus，Stylus Publishing，LLC，2011.

［4］The Monday Morning Imagination：Report from Boyer Workshop on State University System.

后　记

这本书是我攻读博士的理论成果，亦是教育部人文社科专项任务项目“改革开放以来大学生社会实践教育体系研究”（15JDSZ3017）的最终成果。当写到后记的时候，我的内心兴奋、激动，还有些失落和悲伤。兴奋、激动的是我终于走到了博士学习的最后关卡，可以证明自己四年来的学习成果。失落、悲伤的是我要离开学习的地方，人生难得再有几年可以这样冲刺。

学习和研究只有起点，却从来没有终点。我与思想政治教育专业的结缘，真是神奇的相遇，命运的安排。我的本科专业是刑事科学技术，如果本科毕业就选择就业，我可能会成为一名警察，一名从事物证技术研究的骨干。但我选择了保送研究生，加入了团中央支教保研团，我也成为西南政法大学第一届支教保研团成员。当时学校的政策就是将保研团成员报送到学校思想政治教育专业，补充这个专业的生源。所以，我们第一届的三个保送学生，我是学刑事科学技术的，另外两个一个是学法学的、一个是学管理学的，都属于跨专业学习。给我面试的冉志教授，笑着对我说，你是弃武从文啦。研究生三年，老师们教会了我很多，也给了我很多锻炼机会。在毕业答辩的时候我第一次结识了我日后的博士生导师罗洪铁教授。他的严谨、博学让我敬仰，四年后我终于成为他的学生，继续攻读思想政治教育专业博士研究生。在博士学习的四年中，老师和同学们见证了我这一阶段的每一步进程。一方面是学业的成长，我从对这个专业肤浅的认知到深入的学习，再到基本掌握了思想政治教育的理论和前沿知识。另一方面通过跟随导师参加全国性高端学术会议，在学校聆听专家的学术报告，参加未名论坛、研究生论坛，我逐渐领悟了专业的魅力，也开始寻找和专注自己的研究。

这四年是我人生的关键期，我除了学习也要学会为人妻、为人母。生活的艰难比想象的更多，家庭给了我很多的爱，也需要我用爱去滋润身边最亲的人。尤其是 2013 年，我和爱人朱颖在美国，他忙于博士后的学习、研究，我也要努力完成博士论文初稿。当孩子呱呱坠地时，我们才真正意识到这个新添的家庭成员需要我们 24 小时全勤奉献。整整 5 个月，我们三口紧紧依偎在一起，后来，我们慢慢开始琢磨养育之道，并融合了美国育婴的先进理念，我们开始有时间做自己的事情，孩子也可以自己玩耍去探索他的世界。

四年，也是我辅导员工作的一个轮回，这四年里我送走了 2008 级的学生，迎来了 2012 级的学生。工作也会成为一个学习成果不显著的借口。我的内心很清楚，这仅仅是一个借口。人的强大，就应该在于要知难而上，面对挑战要有巨大的勇气，可以头悬梁、锥刺股地去完成自己的计划和目标。

感谢生命里的这四年，让我可以重拾书本，像柏拉图说的那样认识我自己。我发现了那个不再青涩的自己，发现了那个清楚自己梦想在哪里的自己，发现了那个可以去执着追求的自己。

在这四年的博士学习中，我最感谢的是恩师罗洪铁教授。他每一次的谆谆教导都刻在我的心里；他对学生的关爱，如山重、如海深。他给我们提供丰富的学习资料，指导我们参加课题研究，带我们参加学术会议，带我们攀登缙云山，在校园拍照，使得我们攻读博士学位的生活过得丰富多彩。我的论文从开题到修改都融入了老师的心血。还记得炎炎夏日，老师拿着一本标满红色记号的论文初稿逐页给我进行指导，整整两个小时，大到结构小到标点符号。老师的严谨和细心都是希望我能够更好地完成博士论文，在答辩时候向专家组提交最完满的答卷。缙云精神，勇攀高峰，甘于寂寞才不寂寞，这些都已经成为我永远执着秉承的座右铭。同时，我也由衷地感谢黄蓉生教授，她带给我们那么多精彩的课堂回忆，让我无限崇敬的治学之道和个人魅力。感谢邓卓明教授、董娅教授，在平时的学习中和论文写作中给予我的无私指导。感谢马克思主义学院的各位老师，在我博士学习期间给予的关心和帮助。同时，也感谢我的同学们，董翼、吴霞、邓福蓉、李长松，感谢师兄、师姐、师弟、师妹们，这个集体总是28度，让人倍感温暖，我们会一同前行，携手追逐未来绚丽多彩的生活。

能重返校园学习，我还要真心地感谢西南政法大学刑事侦查学院的领导和同事们，是你们的鼓励和支持，使我能在第一年潜心学业。

当然，我不能忘记感谢我的家人，是你们的支持，才让我有了今天的收获。我也希望用我的收获去回报你们，让我们的家更温暖。

此生有涯，学无止境。我的梦想是执着地去追求美好人生，有幸福的家庭，有值得铭记的学术成果，有愉快的工作……我知道我只是一个平凡的人，没有超凡的智力，也没有超强的体力，但这不会影响我像一只蜗牛一样总是执着于前行的路上，风雨无阻。

杨 化

2014 年 12 月于青河世家